BIBLIOTHÈQUE DE BONS ROMANS ILLUSTRÉS

LE

FILS DU COMMANDANT

Deuxième partie

DES VIVEURS DE PROVINCE

PAR XAVIER DE MONTÉPIN.

Prix : 50 centimes.

PARIS

ALEXANDRE CADOT, ÉDITEUR

37, RUE SERPENTE, 37

LES
VIVEURS DE PROVINCE

DEUXIÈME PARTIE

PAR XAVIER DE MONTÉPIN

LE FILS DU COMMANDANT.

I

Une rencontre.

C'est dans le courant de l'année 1830 que se sont passées les scènes qui remplissent la première partie de ce livre. — C'est dix-sept ans plus tard que vont avoir lieu les événements dont il nous reste à devenir l'historien.

Nous prions donc nos lecteurs de vouloir bien franchir cet intervalle énorme avec la complaisance que nous avons l'habitude de rencontrer en eux, et nous leur demandons de nous accompagner en Provence, vers la fin du mois de juillet de l'année 1847.

C'est à la villa Labardès que nous allons les mener. — C'est dans une chambre qu'ils connaissent déjà que nous nous proposons de les introduire ; — cette chambre était celle du défunt baron Antide de Labardès, assassiné par Cocodrille et par deux de ses complices, dans la nuit du 10 mai 1830.

L'intérieur de la pièce qui nous occupe n'avait pas subi de bien importantes modifications depuis la mort de l'ancien propriétaire. — C'étaient toujours les mêmes meubles, les mêmes draperies, les mêmes tableaux ; — seulement, une natte chinoise d'une grande beauté couvrait le parquet, — les boiseries avaient été repeintes avec une élégance de bon goût, — les tableaux de maîtres n'étaient plus recouverts d'une gaze, et enfin la pendule de Boule placée sur la cheminée marquait l'heure avec une admirable régularité.

On se souvient peut-être que le pauvre baron Antide ne remontait jamais cette pendule, afin de n'en point user les ressorts !...

La grande aiguille, en cuivre doré, courant sur le cadran d'émail blanc à chiffres bleus, allait marquer dix heures du matin. — Les joyeux rayons du soleil provençal entraient à flots par les deux fenêtres entr'ouvertes.

Un homme âgé de quarante-deux ou quarante-trois ans, mais paraissant en avoir au moins cinquante, se promenait d'un bout de la pièce à l'autre, l'air rêveur et le front baissé, — s'arrêtant pendant une ou deux secondes chaque fois qu'il se trouvait en face de l'une des fenêtres et jetant sur le paysage un regard distrait, puis se remettant en marche.

Cet homme, entièrement vêtu de coutil écru, et portant le ruban de la Légion d'honneur négligemment noué à l'une des boutonnières de sa jaquette, était notre ancienne connaissance, l'ex-lieutenant, l'ex-capitaine d'infanterie, Marcel de Labardès.

Comme il était changé, mon Dieu ! et qui donc l'aurait reconnu ?

Quelles traces retrouver en lui du grand et beau jeune homme à l'œil brillant, aux cheveux noirs, à la démarche vive et pleine de désinvolture ?...

Les cheveux grisonnants étaient devenus rares sur un front sillonné de rides précoces ; — les yeux avaient perdu leur éclat et disparaissaient à demi dans de profondes orbites qu'entourait un cercle bistré ; — les joues offraient une pâleur livide et des teintes plombées qui décelaient une souffrance presque continue ; — l'extrême maigreur de tout le corps faisait paraître la taille plus haute encore.

Il ne faudrait pas croire, cependant, que l'aspect de Marcel ainsi transformé fût devenu pénible et repoussant.

Cet homme jeune encore, et qui semblait presqu'un vieillard, n'avait rien perdu de sa distinction. — On retrouvait en lui le type accompli du gentilhomme. — Ses traits, toujours beaux quoique dévastés, attiraient l'attention, et son regard, presque sans cesse douloureux et mélancolique, commandait invinciblement l'intérêt.

Au moment où la pendule sonnait dix heures, Marcel s'arrêta et frappa sur un timbre.

Un domestique en petite livrée entra dans la chambre presqu'aussitôt.

— M. Raoul est-il dans son appartement ? — demanda Marcel.

— Non, monsieur le baron. — M. Raoul a quitté la villa depuis deux heures ; — il m'a chargé de dire à monsieur le baron qu'il ne rentrerait probablement pas pour déjeuner...

— Est-il sorti à cheval ou en voiture ?

— A cheval. — M. Raoul a fait seller Waverley.

— Était-il seul ?

— M. Gontran de Presles est venu le prendre...

Le sourcil de Marcel se fronça légèrement.

— Savez-vous si ces messieurs allaient à Toulon ? — demanda-t-il ensuite.

— Je ne crois pas. — J'ai entendu M. Gontran parler du château de Presles.

— C'est bien.

Au moment où le domestique allait sortir, on entendit le bruit d'une voiture s'arrêtant devant le perron de la villa.

— Voyez qui vient là... — dit Marcel.

Le domestique quitta la chambre...

— Monsieur le baron, — fit-il en rentrant au bout d'un instant, — c'est M. Georges Herbert qui descend de son phaéton.

— Faites-le entrer ici sur-le-champ.

Une minute après, les deux anciens amis se serraient la main et Marcel disait :

— Bonjour, Georges. — Comment se porte votre chère Diane ?...

§

Avant de nous engager d'un pas ferme dans les méandres du récit qui va suivre, il est indispensable de régler notre compte avec le passé et de mettre nos lecteurs au courant des modifications survenues dans la situation de nos personnages principaux.

A tout seigneur, tout honneur... — Marcel ayant été jusqu'à présent le héros de ce livre, commençons par Marcel. — Les autres auront leur tour.

Ceux auxquels il est arrivé de revenir dans leur pays natal après une absence de quinze ou vingt ans, savent par expérience combien d'impressions douloureuses se mêlent aux joies du retour.

Quand le voyageur, à peine assis auprès du foyer qui l'a vu naître et grandir, jette son regard autour de lui, et, fouillant ses souvenirs, cherche tous ceux qu'il a connus jadis, — de quelque côté que se porte ce regard, il trouve des places vides. — Il appelle en vain les absents... l'impitoyable mort a fauché sans relâche... — Les vieillards sont partis presque tous, et beaucoup d'existences jeunes et fortes ont été brisées avant l'heure...

Il en avait été ainsi pour Marcel. — L'effroyable marée funèbre du choléra de 1832 était venue lui enlever sa mère et sa sœur.

Quatre ans après cette double mort, une fluxion de poitrine emportait son père et le laissait sans famille, complètement isolé sur la terre, car les médecins de l'hôpital militaire d'Alger ne s'étaient malheureusement pas trompés. — Marcel ne devait jamais se guérir d'une façon complète de la terrible blessure reçue pendant l'attaque de la Maison-Blanche, et, plusieurs fois chaque année, des douleurs aiguës, intolérables, faisaient de l'existence de l'ex-officier une véritable torture.

Marcel cherchait par tous les moyens à apporter quelque soulagement à ces souffrances. — Il n'était pas un seul des princes de la science qu'il n'eût consulté ; — il n'était pas un établissement d'eaux thermales en Europe auquel il n'eût demandé la guérison, sinon la guérison, au moins quelques mois de calme et de répit.

Sans être absolument nuls, les résultats obtenus par lui n'étaient jamais cependant à la hauteur de son attente et de son espoir.

En 1841 eut lieu un fait d'une importance capitale, et que nous devons rapporter immédiatement, car ce récit rapide nous évitera de longues explications pour l'avenir.

Marcel se trouvait aux eaux, dans les Pyrénées, et ressentait un mieux manifeste, moins peut-être par l'effet des eaux elles-mêmes que par celui du mouvement et des distractions qui l'entouraient.

Malgré sa fortune considérable, il vivait simplement, ne faisant nul étalage de chevaux, de voitures et de livrées, — se servant des petits bidets du pays pour ses excursions dans les montagnes, et dînant à table d'hôte avec tous les autres baigneurs.

Un matin, après avoir avalé quatre grands verres des eaux réputées miraculeuses de la source, il se promenait, selon les prescriptions du médecin, sous les arbres disposés en quinconces autour du casino, quand il fit la rencontre d'une femme qui tout d'abord attira son attention.

Cette femme, entièrement vêtue de noir comme pour un grand deuil, avait au moins quarante ans, et son pâle et doux visage ne conservait que quelques vestiges d'une beauté jadis éclatante. — Sa taille se ployait à chaque pas. — Sa démarche brisée attestait l'anéantissement de ses forces. — Sur chacun de ses traits, la mort semblait avoir déjà posé son empreinte. — On eût dit un spectre échappé de la tombe et se disposant à y retourner.

Autour de ses paupières gonflées se voyaient des traces de larmes. — Le triste sourire d'une angélique résignation se jouait par instants sur ses lèvres livides.

Il était impossible de ne point comprendre, en regardant cette femme, que, se sachant condamnée à mort elle courbait la tête sans une plainte et sans un murmure, et faisait héroïquement le sacrifice de sa vie.

Une chose non moins évidente pour tout observateur, c'est que l'inconnue vêtue de noir n'avait dû être amenée aux dernières périodes de la maladie du corps, que par de longues et poignantes souffrances de l'âme. — Le chagrin seul avait pu réduire à un aussi complet anéantissement la fière et forte nature de cette femme, qui mourait jeune et qui mourait martyre.

Marcel comprit tout cela. — Il se sentit troublé, ému, plein de respect et d'attendrissement, et, au moment où il passait à côté de l'étrangère, il s'inclina devant elle comme on s'incline devant une noble victime.

Le lendemain, à la même heure et au même endroit, M. de

Labardès rencontra de nouveau la dame en deuil qu'il reconnut de loin.

Elle n'était plus seule.

Tout en marchant d'un pas lent et pénible, elle s'appuyait sur le bras d'un jeune homme, — son fils sans doute, — qui serrait entre ses deux mains l'une des mains de la mourante.

La mère et le fils se trouvaient à l'une des extrémités d'une longue allée. — Marcel était à l'autre. — Ils avançaient les uns vers les autres et devaient se croiser au bout de quelques minutes.

A mesure que diminuait la distance qui séparait les promeneurs, — à mesure que les traits de la femme âgée et du jeune homme devenaient plus distincts, le pas de Marcel se ralentissait involontairement. — Une pâleur étrange envahissait son visage, — son regard exprimait un étonnement qui ressemblait presque à de l'épouvante.

C'est que l'ex-officier croyait voir un fantôme se dresser devant lui, — le fantôme du commandant Raoul, son ami, son protecteur, tué par lui dans des circonstances fatales que nos lecteurs n'ont certainement pas oubliées!

Ce n'était point une de ces ressemblances vagues et contestables que les uns admettent et que les autres nient. — C'était le comte Raoul lui-même, plus jeune de quelques années qu'au moment de sa mort... — c'étaient les mêmes yeux, — le même regard, — la même bouche... — une taille pareille, — une attitude, un port de tête identiques...

Le fils et la mère ne se trouvaient plus qu'à quelques pas de Marcel.

Le jeune homme parla.

Marcel sentit que son cœur cessait de battre...

C'était la voix du commandant qu'il venait d'entendre!!

— Si vous voulez partir, ma bonne mère, — disait cette voix, — nous partirons demain... — Vous savez bien que je n'ai d'autre volonté que la vôtre... — vous savez bien que je voudrais pouvoir deviner vos désirs afin de les devancer...

— Mon enfant bien-aimé, — répondit la mourante, — je sais que tu as le cœur de ton père... — c'est tout dire en un seul mot...

La mère et le fils passèrent, et Marcel, anéanti, se laissa tomber sur un banc qui se trouvait à côté de lui.

Nous n'essaierons pas de raconter l'ouragan de douloureux souvenirs, de regrets, de remords, soulevés soudainement par cette rencontre dans l'esprit de notre héros.

Quand Marcel sortit de l'état de prostration absolue où il s'était senti plonger dans le premier moment, la malade et le jeune homme avaient repris le chemin de la ville et se trouvaient déjà bien loin de lui. — Cependant il les apercevait encore.

Il se leva et il les suivit, en ayant soin de marcher assez vite pour ne point les perdre de vue.

Au moment où ils allaient entrer dans une de ces petites maisons qui se louent toutes meublées aux baigneurs, ils furent abordés par un homme d'un certain âge, que Marcel reconnut aussitôt pour celui des médecins de l'établissement qui lui donnait des soins à lui-même.

Aussitôt que l'entretien fut terminé, il aborda le médecin à son tour, et, s'efforçant de commander à son émotion, il lui demanda du ton le plus dégagé et le plus indifférent qu'il put prendre :

— Docteur, quelle est donc cette dame en deuil avec laquelle vous causiez à l'instant?...

— Une pauvre femme bien intéressante, je vous assure...

— Dangereusement malade?...

— Oh! plus que dangereusement... — sa vie ne se soutient que par un miracle permanent auquel, je l'avoue en toute humilité, je ne comprends pas grand'chose... — Elle est allée successivement cette année dans trois ou quatre villes d'eaux, et mes confrères ont été bien aises de se débarrasser d'un enterrement en l'envoyant mourir ici... — Elle n'en a désormais que pour quelques jours... — La machine est entièrement désorganisée, — rien ne fonctionne plus dans ce malheureux corps, et j'ai la conviction que, sans l'amour maternel qui prolonge la lutte entre la vie et la mort et qui galvanise en quelque sorte un cadavre, l'âme serait partie depuis longtemps déjà... — J'ai su la touchante histoire de cette dame par l'une de mes clientes qui est du même pays qu'elle... — Le deuil que vous lui voyez porter, et qu'elle n'a jamais quitté, est celui de son mari tué par accident il y a dix ou douze ans, et c'est l'incurable désespoir résultant de ce malheur qui l'a mise peu à peu dans l'état où elle est aujourd'hui... — Voilà, certes, un bel exemple de tendresse conjugale, de fidélité à un souvenir, et d'autant plus beau qu'il est plus rare!! — Où trouver en ce siècle des femmes que la perte d'un mari tendrement aimé conduise au tombeau comme un poison lent?...

En écoutant ces détails, Marcel était en proie à une agitation extraordinaire; — de seconde en seconde il passait sa main sur son front baigné de sueur.

— Et, — demanda-t-il d'une voix tremblante, aussitôt que le docteur eut cessé de parler, — et... quel est le nom de cette dame?...

— Elle se nomme la comtesse de Simeuse...

Le médecin s'interrompit brusquement :

— Ah çà! mais, — s'écria-t-il, — qu'avez-vous, monsieur?... qu'avez-vous donc?... — Est-ce que vous vous trouvez mal?... — est-ce que vous allez tomber? — Appuyez-vous sur moi... — respirez ce flacon...

Marcel, en effet, chancelait comme un homme ivre, et la pâleur de son visage décomposé était effrayante.

Il s'appuya sur le bras que le médecin lui tendait, et il ne tarda guère à triompher de la crise violente qui venait de l'assaillir.

— Merci de vos bons soins, docteur, — dit-il alors, — je suis tout à fait bien maintenant... — Ce n'était rien... — un étourdissement...

— Est-ce que vous êtes sujet à des accidents de ce genre?

— Mon Dieu, non... — pas le moins du monde.

— Il faudrait vous tenir sur vos gardes et prendre quelques précautions... Si vous vous étiez trouvé seul dans la rue, savez-vous que vous seriez tombé bel et bien sur le pavé! — Peut-être avez-vous besoin d'une saignée légère?...

La conversation continua pendant quelques instants entre le médecin et M. de Labardès; puis ce dernier, libre enfin, courut s'enfermer dans son appartement afin de pouvoir se livrer sans contrainte aux terribles émotions qui débordaient en lui!...

Cette mourante et ce jeune homme, c'étaient la femme et l'enfant de sa victime!... — l'épouse qu'il avait faite veuve!... — le fils qu'il avait fait orphelin!!...

II

Le fils du commandant.

A partir de ce moment, la vie de Marcel eut un but.

Sans perdre ni un jour ni une heure, il fit en sorte de se renseigner sur tout ce qui concernait madame de Simeuse et son fils. — Il apprit que la veuve du commandant Raoul possédait une petite terre aux environs de Poitiers. — Il connaissait quelqu'un dans cette dernière ville, — il écrivit; et, par la réponse de son correspondant, il sut à quoi s'en tenir sur la position de fortune de la noble et malheureuse femme.

Cette position était extrêmement modeste; — trois ou quatre mille livres de rentes, unique héritage laissé par le général, composaient tout son revenu.

Son fils, âgé de dix-neuf ans, et se nommant Raoul comme son père, avait reçu une éducation forte et brillante à la fois; — l'un des meilleurs élèves de l'École de droit de Poitiers, il venait d'être reçu avocat et se destinait à la magistrature. — Ses goûts l'auraient entraîné plutôt vers la carrière des armes; mais la seule idée de le voir revêtir l'uniforme impressionnait douloureusement sa mère, et pour l'amour d'elle il avait renoncé sans murmures, sinon sans regrets, à cette vocation naissante.

— C'est un bon cœur et c'est une âme vaillante! — se dit

Marcel. — Si la fortune peut faire le bonheur, il sera heureux, car il sera riche...

Quelques jours s'écoulèrent.

Marcel ne rencontrait plus madame de Simeuse et son fils sur la promenade. — Les forces épuisées de la pauvre mère la clouaient sur le lit de douleurs d'où elle ne devait plus se relever. — Son fils ne la quittait pas un instant.

Chaque matin, M. de Labardès interrogeait le médecin sur l'état de la malade.

— Elle s'en va... — l'huile manque... — la lampe s'éteint... — Telles étaient les invariables réponses du docteur.

Le huitième jour, au moment où Marcel venait de sortir, il entendit le bruit d'une clochette, et il vit en même temps des gens du peuple et des paysannes se mettre à genoux sur les pavés de la rue.

Un cortége passait, bien simple et bien humble : — deux enfants de chœur précédaient un vieux prêtre à cheveux blancs portant le saint ciboire dans ses mains tremblantes.

Marcel courba la tête devant le ministre de Dieu, — puis il le regarda s'éloigner. — Le prêtre et les enfants entrèrent dans la maison que madame de Simeuse et son fils habitaient. — C'était à la veuve du commandant que les derniers sacrements allaient être administrés.

Plusieurs personnes avaient suivi le cortége, afin d'unir leurs prières aux prières que le vieillard allait prononcer sur l'agonisante. — Marcel eut envie de se joindre à ces croyants et d'aller, lui aussi, plier le genou dans cette demeure que visitaient à la fois Dieu et la mort...

Mais il n'osa pas.

L'idée que peut-être s'exhalerait en sa présence le dernier souffle de cette femme dont il avait indirectement à se reprocher la fin cruelle et prématurée, le remplissait d'une fiévreuse épouvante...

Tant que dura la cérémonie, il erra près de la maison, et sa pensée, remontant en arrière, mit sous ses yeux une autre agonie...

Il revit la chambre carrelée, éclairée faiblement par la veilleuse et par le feu de tourbe, tandis que le vent sifflait et que la pluie tombait au dehors... — Il revit le lit en désordre sur lequel sommeillait le commandant, plus pâle que ses draps tachés de sang... — Il entendit le râle, et ce dernier, cet affreux hoquet, fidèle et implacable compagnon des affres de la mort...

Enfin la clochette retentit de nouveau.

Les deux enfants de chœur reparurent, puis le vieux prêtre qui s'éloigna laissant en arrière une âme consolée et bénie, — une âme si pure et si belle, qu'au lieu de lui dire : — *je prierai Dieu pour vous...* — il avait eu la pensée de lui crier : — *priez pour moi !...*

Deux femmes du peuple qui sortaient de la maison, et qui avec leurs mouchoirs à grands carreaux essuyaient leurs yeux rougis, passèrent à côté de M. de Labardès.

L'une d'elles murmura :

— Pauvre chère dame ! elle va passer...

— Avant une heure ça sera une sainte de plus dans le ciel... — répondit l'autre.

Dans la soirée, Marcel se mit à la recherche du médecin pour avoir des nouvelles.

— Eh bien ! docteur, — lui demanda-t-il, — madame de Simeuse ?...

— Elle est morte il y a deux heures... — répondit le médecin. — J'étais là. — Son agonie a été très-douce. — Depuis une heure elle ne pouvait plus parler, mais elle voyait et elle entendait toujours... — Elle a pris dans ses mains la main de son fils, — elle a souri, — ses yeux se sont fermés. — On eût dit qu'elle dormait... — Le pauvre enfant n'a compris qu'il n'avait plus de mère qu'en sentant la chair qui touchait sa chair se glacer... — Je m'attendais à quelque épouvantable crise de désespoir... — je me trompais. — Ce jeune homme sent profondément, mais il possède une prodigieuse force de volonté et un étonnant empire sur lui-même. — Sa douleur est muette et concentrée, — elle n'en est que plus effrayante... — J'ai voulu l'emmener chez moi. — Il a refusé. — *Je ne quitterai ma mère,* — m'a-t-il dit, — *que lorsqu'on me l'enlèvera !...* — *jusqu'à la dernière minute mes yeux s'attacheront sur ces traits chéris que je veux graver dans mon cœur...* — Ou je me trompe beaucoup, ou ce garçon est capable de grandes choses... — Malheureusement le voilà orphelin, — isolé dans la vie, — entièrement abandonné à lui-même... — Qui le soutiendra ! — qui le conseillera ? — qui le guidera...

— Moi ! — murmura M. de Labardès, assez bas pour que son interlocuteur ne pût l'entendre, — moi qui ai tué son père, et qui serai un père pour lui !... — moi qui ai causé la mort de sa mère, et qui remplacerai sa mère !...

Marcel, en se parlant ainsi, exprimait bien réellement sa pensée tout entière, — mais, hélas ! une mère ne se remplace pas !...

§

Le lendemain matin, la porte de la petite maison qu'avait habitée madame de Simeuse était tendue de noir, et, sous cette porte, le cercueil, placé sur des tréteaux et recouvert d'un drap mortuaire, attendait qu'on vînt le prendre pour le conduire à ce dernier asile que l'on appelle *le Champ du repos.*

De temps en temps quelques personnes pieuses s'arrêtaient, prenaient le goupillon posé dans un bénitier de cuivre auprès de la porte, jetaient deux ou trois gouttes d'eau sainte sur le cercueil, faisaient le signe de la croix, et passaient sans avoir vu Raoul de Simeuse, agenouillé, ou plutôt prosterné derrière les draperies noires, et cachant son visage dans ses deux mains.

Le vieux prêtre arriva, accompagné de son sacristain et des porteurs ; car, en province, les voitures de deuil n'existent pas, et c'est sur un brancard que les morts sont conduits au cimetière.

Raoul se leva et montra un visage morne et livide, et deux yeux secs et brûlants.

— Mon enfant, — lui dit le vieux prêtre, — du courage...

— J'en ai, mon père, — répondit le jeune homme. — Je souffre bien, allez, mais on ne le verra pas...

Tandis que les porteurs soulevaient et mettaient en place leur lugubre fardeau, pas une larme ne coula sur les joues de Raoul. — Il avait tari la source de ses pleurs pendant les longues heures de la nuit précédente.

Les porteurs se mirent en mouvement. — Le jeune homme les suivit. — Sa tête se penchait sur sa poitrine ; — sa démarche offrait je ne sais quoi d'automatique et d'incertain, — à chaque instant on pouvait croire que ses genoux allaient fléchir sous le poids de son corps.

Il se trouvait seul à la suite du cercueil, car personne dans la ville n'avait connu madame de Simeuse, — personne ne songeait à l'accompagner à sa dernière demeure.

Cependant, à vingt-cinq ou trente pas de la maison mortuaire, un homme entièrement vêtu de noir se joignit au petit cortège, et jusqu'à l'église marcha tout près de Raoul, se tenant seulement à deux ou trois pas en arrière.

Cet homme, — avons-nous besoin de le dire, — était Marcel de Labardès.

De l'église au cimetière il n'y avait qu'une faible distance. — Marcel la parcourut à côté de l'orphelin. — Il s'agenouilla auprès de la tombe entr'ouverte. — Il devint presqu'aussi pâle que Raoul en voyant descendre la bière avec des cordes dans la fosse, — en entendant les premières pelletées de terre retomber sur elle...

Raoul n'avait pas vu sans étonnement cet étranger, cet inconnu qui s'associait à sa douleur et qui semblait la partager. — Il était touché jusqu'au fond de l'âme de ce muet hommage rendu à la mémoire de sa mère...

Quand tout fut fini, — quand le prêtre eut prononcé les dernières paroles sur la fosse remplie, — quand l'orphelin eut longuement prié en courbant son front vers cette éminence de terre fraîchement remuée que des pas indifférents effaceraient bientôt, — il se dirigea du côté de M. de Labardès, qui, appuyé contre la croix de pierre d'une tombe voisine, regardait le ciel avec des yeux gonflés de larmes, — et, lui saisissant la main qu'il pressa vivement, il lui dit :

— Merci, monsieur, — merci de tout mon cœur et de toute mon âme de ce que vous venez de faire pour un inconnu...

En sentant dans les siennes les mains du jeune homme, Marcel tressaillit de tout son corps. — Il se souvenait que le père avait touché à sa dernière heure et presqu'à sa dernière minute la main qui venait de le frapper mortellement, et que maintenant pressait le fils.

— Ah!... — pensa-t-il avec une soudaine terreur, — ah! s'il allait y voir du sang !...

Ce bizarre délire ne dura d'ailleurs qu'une seconde. — M. de Labardès se remit à l'instant, et il put répondre d'une voix émue :

— Le fils du comte Raoul de Simeuse n'est pas un inconnu pour moi...

— Vous connaissez mon père? — s'écria l'orphelin.

— J'étais son ami... son meilleur ami... — Je l'aimais comme il méritait d'être aimé... — Il est mort dans mes bras...

En écoutant ces mots, le jeune homme sentit un long sanglot monter de son cœur à ses lèvres; — ses yeux, arides et desséchés depuis bien des heures, versèrent un torrent de larmes. — Il se jeta dans les bras de Marcel en balbutiant :

— Vous avez aimé mon père... — aimez-moi pour l'amour de lui... — Je suis seul, monsieur... seul au monde... — aimez-moi... j'ai tant besoin qu'on m'aime...

Et il cacha sa tête sur la poitrine de M. de Labardès, en sanglotant convulsivement.

III

L'enfant d'adoption.

Quand cette première émotion fut un peu calmée, Raoul reprit :

— Oh! monsieur, dites-moi votre nom... dites-moi le nom de l'ami de mon père...

Marcel se prit à trembler.

Ce nom qu'il allait prononcer, peut-être Raoul le connaissait-il?... — peut-être l'orphelin allait-il se reculer en maudissant celui par qui son père était mort !... — Mais l'hésitation était impossible.

Marcel murmura :

— Je suis le baron de Labardès...

— Monsieur de Labardès !... — s'écria Raoul. — Ah ! vous aviez raison, monsieur, de dire que vous aimiez mon père et que mon père vous aimait... — Dans sa dernière lettre, écrite sur son lit d'agonie et tachée de son sang, il parlait de vous à ma mère et lui disant que sa mort vous rendrait bien malheureux... — Cette lettre... cette lettre sainte, dont les baisers de ma mère et les miens ont presque effacé chaque mot, je la possède... elle est ici... je vous la montrerai...

Les larmes de Marcel tombaient, brûlantes et pressées sur les mains de Raoul, et vainement il s'efforçait d'en arrêter le cours.

— Ah! monsieur, — continua le jeune homme, — ne me cachez pas ces larmes, ces précieuses larmes, que le souvenir de mon père fait couler... — Si quelque chose au monde pouvait soulager mon cœur brisé, elles le soulageraient... — Je suis presque heureux dans mon immense malheur, puisqu'au moment où tout s'écroule autour de moi, où je reste seul sur la terre, je trouve un cœur ami...

— Oui, un cœur ami, — répondit Marcel, — un cœur dévoué, je vous l'atteste!... — non, vous n'êtes pas seul sur la terre !... — En face de la tombe à peine fermée de votre mère, je vous le jure, mon enfant, j'aurai pour vous la tendresse d'un père... — Voulez-vous m'accorder un peu de l'affection d'un fils ?...

— Si je le veux ?... — répliqua Raoul avec une exaltation que justifiaient la solennité de la situation et l'imprévu d'une scène si profondément émouvante, — ah! toute ma vie est en vous désormais... — vous me sauvez, monsieur... — A mon profond désespoir se joignait un découragement sans bornes... — L'avenir épouvantait à vingt ans, quand pas une main ne se tend vers vous... — si vous n'étiez point venu à moi, qui sait si j'aurais eu la force de vivre, et si j'en aurais eu le courage...

— Malheureux enfant ! — s'écria Marcel épouvanté, — vous songiez à mourir !

Raoul baissa la tête et murmura :

— Oui, monsieur...

— A votre âge... le suicide !...

— Je voulais revoir mon père... je voulais rejoindre ma mère... — Ah ! monsieur, si vous saviez ce que c'est que l'isolement... l'isolement absolu, un désert au milieu du monde, lorsqu'on se sent dans le cœur des trésors de tendresse !...

— Hélas ! pensa Marcel, — je le sais...

Puis, tout haut :

— Mais maintenant, ces pensées funestes, ces projets sinistres ont disparu, n'est-ce pas ?...

— Oh! maintenant je veux vivre... — maintenant je ne suis plus seul... — j'ai un ami... l'ami de mon père...

Le regard et la pensée de M. de Labardès se tournèrent vers le ciel en même temps.

Il lui semblait qu'il allait voir l'ombre souriante du commandant Raoul lui pardonner une seconde fois.

— Mon enfant, — dit-il à l'orphelin — ne restez pas ici plus longtemps... — vous avez besoin de repos... — venez... suivez-moi... partons...

— Oui, monsieur, je vais vous suivre... — mais d'abord laissez-moi m'agenouiller encore près de cette tombe où dort ma pauvre mère... — Je veux lui dire qu'un soulagement m'arrive... je veux la remercier de vous avoir envoyé à moi...

Pendant quelques minutes, Raoul pria avec une délirante ardeur, puis, se relevant, il vint à Marcel et lui dit :

— Me voici, monsieur... — faites de moi ce que vous voudrez... — Mettez votre volonté à la place de la mienne, car je ne me sens pas même la force de vouloir...

M. de Labardès prit le bras du jeune homme et l'emmena silencieusement.

Au moment où tous les deux atteignaient les premières maisons de la petite ville, Raoul demanda :

— N'allons-nous pas rentrer dans la maison qu'habitait ma mère ?

— Plus tard, — répondit Marcel.

— Où donc me conduisez-vous?...

— Chez moi...

L'orphelin n'ajouta pas un mot et continua à suivre son guide.

Marcel occupait dans le principal des hôtels de la ville un appartement de trois pièces. — Il installa Raoul dans une de ces pièces, — il le contraignit doucement à prendre un peu de nourriture, — se jeta sur un lit, et il veilla sur son sommeil avec toute la sollicitude et tout l'amour d'une mère.

Il ne nous paraît point utile de nous appesantir sur les détails des premières journées passées par l'orphelin auprès de son père adoptif. — Il nous suffira de dire que Marcel, pour consoler et pour ranimer le jeune homme, mettait en œuvre toutes les ressources de la plus ingénieuse tendresse, et que Raoul, — nature aimante et affectueuse par excellence, — ne savait comment lui témoigner sa reconnaissance infinie.

Le quatrième jour, Raoul manifesta le désir ardent d'aller revoir une dernière fois la maison où madame de Simeuse était morte. — M. de Labardès l'accompagna.

Une scène déchirante eut lieu dans ce logis désert. — L'orphelin s'agenouillait avec des sanglots devant le lit sur lequel avait dormi sa mère, — devant les fauteuils sur lesquels elle s'était assise. — Il la cherchait au seuil de chaque pièce. — Il l'appelait tout haut. — Il croyait presque qu'elle allait lui répondre et qu'il entendrait sa douce voix lui dire :

— Mon enfant, me voici...

Marcel savait que la douleur se calme en s'exhalant. — Il

ne prodigua donc à Raoul aucune de ces consolations banales qui, bien loin de soulager le cœur, le meurtrissent douloureusement.

L'effet prévu par lui se manifesta. — Les sanglots et les gémissements de Raoul s'éteignirent peu à peu. — Ses larmes coulèrent avec moins d'amertume, — une mélancolie résignée remplaça la première furie de son désespoir. — Il ouvrit un petit secrétaire dans lequel il prit un portefeuille gonflé de papiers, et il dit à Marcel :

— Merci de m'avoir accompagné... merci de m'avoir laissé pleurer... — J'ai dit adieu à ma mère... — me voici calme... — maintenant, quittons cette demeure...

A peine rentré à l'hôtel avec M. de Labardès, Raoul tira du portefeuille un papier plié en quatre, — tout jauni, — tout usé sur les bords. — Il appuya passionnément ce papier contre ses lèvres, puis il le tendit à Marcel.

Ce dernier le déploya aussitôt et reconnut du premier coup d'œil l'écriture du commandant, quoique les lignes qu'il avait sous les yeux eussent été tracées par une main affaiblie, dont la mort prochaine paralysait déjà les mouvements.

C'était la lettre écrite à sa femme par le comte Raoul expirant.

Ainsi que nous avons entendu l'orphelin le dire à M. de Labardès, les baisers de la mère et du fils avaient presque effacé chaque mot. — Au milieu de la première page se voyait une tache d'un brun rouge, — une tache de sang.

— Lisez... — murmura le jeune homme, — lisez...

Marcel dévora cette lettre sublime et touchante où le mourant s'oubliait lui-même pour ne penser qu'à sa femme bien-aimée, — où, dans toutes les phrases, dans toutes les lignes, dans tous les mots, respirait un ardent amour, — où palpitaient les derniers battements d'un noble cœur qui bientôt serait glacé.

Cette lettre finissait ainsi :

« Pour toi et pour mon fils, chère Henriette, j'avais fait faire mon portrait. — Pardonnez-moi tous deux de ne pas vous l'envoyer. — Ni l'un ni l'autre vous n'avez besoin d'une image muette pour me m'oublier jamais... — le médaillon que je vous destinais à sa place ailleurs... — Je vais le donner à un bon et noble jeune homme qui m'aimait de toute son âme et qui est là, près de moi, pleurant... — Marcel de Labardès me fermera les yeux... — lui aussi a besoin de consolations, car je connais son cœur et je sais que ma mort le rendra bien malheureux...

« Voici que ma force s'en va... voici que la dernière heure approche... — Je vais faire appeler un prêtre pour me préparer à paraître devant mon juge suprême... — je n'éprouve en ce moment ni trouble, ni effroi... seulement un amer chagrin de vous quitter sans vous avoir revus...

« Adieu, mon Henriette chérie... — adieu ; mon fils bien-aimé... — non pas adieu... au revoir... au revoir... je vais vous attendre... »

Quand Marcel acheva cette lecture, son visage livide ressemblait à un masque de marbre blanc. — Un double ruisseau de larmes roulait sur ses joues.

— Mon enfant, — balbutia-t-il, — votre père disait vrai... — sa mort m'a rendu bien malheureux... — oui, je l'aimais de toute mon âme... — oui, j'aurais voulu le suivre dans sa tombe...

Et tout bas il ajouta :

— Je le voulais... et je l'aurais dû !...

Au bout d'un instant, Raoul demanda :

— Ce portrait précieux... ce portrait de mon père... vous l'avez, n'est-ce pas ?... vous me le montrerez ?... — il me semblera presque, en l'embrassant, que c'est mon père lui-même que j'embrasse...

Marcel tressaillit et un frisson rapide passa dans ses veines.

Ce médaillon, il était perdu, et les paroles de Raoul évoquaient devant lui les horribles souvenirs de la nuit du 10 mai 1830.

— Mon enfant, — répondit-il, — vous venez, sans le vouloir, de raviver une plaie saignante... — ce portrait, auquel je tenais plus qu'à ma vie et autant qu'à mon honneur, je ne l'ai plus... — je l'ai perdu dans des circonstances douloureuses... et, cette nuit-là, j'ai autant souffert que si j'avais vu mourir votre père pour la seconde fois...

— Oh ! monsieur... oh ! mon ami... — s'écria Raoul, — pardonnez-moi le mal que je viens de vous faire...

— Vous n'avez rien à me pardonner, pauvre enfant... — N'est-ce pas moi qui suis coupable ?... moi qui vous prive de la suprême consolation d'embrasser une image adorée ?...

Le silence régna pendant un instant entre M. de Labardès et l'orphelin. — Mais Marcel n'était pas au bout de son supplice ce jour-là.

— Mon ami, — s'écria Raoul tout à coup, — est-ce bien vrai ce qu'on nous a dit, à ma mère et à moi ?...

— Que vous a-t-on dit, mon enfant ?...

— Que la mort de mon père devait s'attribuer à un accident fatal... — que la main qui l'avait frappé n'était point celle d'un adversaire, dans un duel, mais celle d'un ami, dans un assaut... — Est-ce bien vrai ?...

Marcel courba la tête.

— C'est vrai... — répondit-il sans oser regarder Raoul.

Le jeune homme continua :

— Eh bien ! cette certitude que vous venez de me donner, je vous jure que je la regrette !!...

— Pourquoi ?...

— Parce qu'elle fait s'écrouler un espoir que ma pensée caressait sans cesse depuis que je suis en âge de raison.

— Quel était cet espoir ?...

— Celui de venger mon père !... — Songez donc !... cet homme, cet ennemi... quelle aurait été ma joie en me dressant devant lui, l'épée à la main, et en lui criant : — Je suis le fils du comte de Simeuse !... vous avez tué le père... tuez le fils aussi, car il aura votre vie si vous n'avez pas la sienne !!... — Mais enfin, — quel qu'il soit, — son nom ?... — le nom de ce funeste ami dont le fleuret m'a fait orphelin ?... — vous le savez, dites-le moi...

— Jamais ! — répondit Marcel éperdu.

— Vous refusez de me répondre ?... — s'écria Raoul.

— Oui... cent fois oui ! je refuse et je refuserai toujours !...

— Comme ma mère, — balbutia Raoul.

— Eh ! quoi — s'écria M. de Labardès, — votre mère savait ?...

— Ce nom que vous me cachez, — oui, monsieur...

— Et vous le lui avez demandé ?...

— Oh ! oui !... — souvent !... bien souvent !...

— Et elle n'a pas voulu vous l'apprendre ?...

— Jamais.

— La noble femme a bien agi !... — reprit Marcel écrasé par ces émotions successives, — à quoi bon nous apprendre à maudire le nom d'un mort ?...

— Ah ! s'écria Raoul avec l'expression d'une joie fiévreuse, — cet homme est mort !...

— Oui. — répondit tout bas M. de Labardès, dont la honte de mentir empourpra le pâle visage.

— Que Dieu lui pardonne alors, — continua l'orphelin, — que Dieu lui pardonne le coup fatal que sa main a porté ! — en face d'un tombeau s'éteint ma haine... oui, ma haine... car je le haïssais de toutes les forces de mon âme, cet inconnu, innocent ou coupable, qui frappait mon père il y a douze ans et qui tuait ma mère il y a quatre jours !! — Qu'il repose en paix... — moi, fils de ses victimes, je pardonne au meurtrier mort, jamais, non jamais, je n'aurais pardonné au meurtrier vivant ?

— Comme je souffre ! — pensa Marcel dont une sueur froide baignait les tempes. — Oh ! mon Dieu... — mon Dieu... — ce calice est mérité, mais il est bien amer !...

§

Trois semaines s'étaient écoulées.

M. de Labardès et Raoul ne se quittaient pas un instant. — La présence de l'un devenait de plus en plus nécessaire à l'autre. — Leurs conversations quotidiennes ne ressemblaient point au triste et terrible entretien que nous venons de mettre sous les yeux de nos lecteurs, et, de jour en jour, Marcel appréciait mieux les rares qualités du cœur et de l'esprit de celui qu'il regardait déjà comme son enfant d'adoption.

L'orphelin, de son côté, s'abandonnait avec une expansion sans limites à la vive sympathie, à l'attraction quasi-filiale qui l'entraînaient vers Marcel.

En outre de ce qu'il voyait dans ce dernier l'ami de son père, ce qui le lui rendait sacré, il était impossible qu'une nature jeune et tendre comme était la sienne pût résister à des soins touchants, à d'affectueuses prévenances, à de délicates consolations... — Aussi son âme et son cœur se donnaient-ils tout entiers et sans réserve...

Un jour, M. de Labardès le trouva plus triste que de coutume.

— Qu'avez-vous donc ? — lui demanda-t-il.

— Je souffre en songeant que l'intimité si douce qui nous unit va finir... — répondit Raoul.

— Finir ! — répéta Marcel avec étonnement. — Pourquoi finir ?...

— Parce que le moment de nous séparer approche.

— Quoi ?... — s'écria M. de Labardès, — vous voulez me quitter ?...

— Je voudrais, au contraire, ne vous quitter jamais...

— Eh bien ?...

— Malheureusement je ne suis pas absolument le maître de mes actions...

— Je ne vous comprends pas...

— J'ai des devoirs à remplir.

— Lesquels ?...

— L'extrême médiocrité de ma fortune me fait du travail une loi... — Vous savez que je me destine à la magistrature... — il faut que je me mette en mesure de faire honorablement mes premiers pas dans cette voie... — Vivante, ma mère m'encouragerait par sa présence... — morte, sa pensée me soutiendra... je croirai la voir me sourire du haut ciel et bénir mes efforts et mes succès... — Ne m'approuvez-vous pas, mon ami ?...

— J'approuve votre résolution, mon enfant... — elle est bonne et louable, comme tout ce qui vient de vous... — Seulement il est moins utile que vous ne le croyez d'atteindre le but vers lequel elle vous pousse...

— C'est à mon tour de vous dire : *je ne vous comprends pas*...

— Je vais m'expliquer... — mais d'abord il faut me promettre de m'écouter non-seulement avec votre intelligence, mais encore avec votre âme et votre cœur...

— Vous savez bien que je n'ai pas besoin de vous le promettre pour que cela soit...

— Il faut en outre me répondre avec une entière franchise...

— Je n'ai jamais menti ! — interrompit Raoul.

— Permettez-moi d'achever... — continua M. de Labardès, — il faut, dis-je, me répondre avec une entière franchise, quand bien même vos réponses devraient être de nature à m'affliger profondément...

— Vous affliger... moi ?... — s'écria l'orphelin, — est-ce que ce serait possible ?... — Enfin, ce que vous me demandez, je vous le promets...

— Eh bien ! interrogez votre cœur et dites-moi si vous m'aimez...

L'orphelin regarda Marcel avec un étonnement profond.

— Cette question... — murmura-t-il.

— Répondez-y, je vous en supplie... — M'aimez-vous ?

— Si je vous aime ?... — Eh ! comment ne vous aimerais-je pas ?.. — Je vous le jure, je serais votre fils, que les liens du sang eux-mêmes ne pourraient augmenter la tendresse profonde, inébranlable, infinie que je vous ai vouée... — et d'ailleurs pour moi n'êtes-vous pas un second père ?... — A vous aussi je dois la vie... — Croyez-vous donc que je puisse l'oublier ?

— Non, mon enfant, je ne le crois pas... — répliqua Marcel très-ému, — et tout à l'heure, en vous interrogeant, j'espérais, j'attendais les paroles que je viens d'entendre... — Certain déjà de votre affection, j'avais besoin d'une certitude de plus avant de vous ouvrir mon cœur comme je vais le faire,

— avant de dérouler sous vos yeux l'avenir que j'ai rêvé... — Raoul, vous l'avez dit, vous m'aimez comme un père... — voulez-vous être mon fils ?... — Voulez-vous que nos deux existences soient unies désormais, comme si véritablement le même sang coulait dans nos veines ?... — Je suis un vieux garçon, — je ne me marierai jamais. — Je suis très-riche, — ma fortune n'est pour moi qu'une fatigue souvent, un embarras presque toujours... — Je vis seul et triste... — il dépend de vous de mettre dans ma vie le rayon de soleil qui lui manque... — il dépend de vous de remplacer les enfants que je n'aurai point et que je ne saurais d'ailleurs chérir plus que vous... — Au nom de votre père qui fut mon ami, Raoul, ne me refusez pas !.. — Mon bonheur est dans votre main... ouvrez cette main et dites-moi : *Soyez heureux !*... — Si vous saviez comme il est souriant, ce beau rêve d'avoir en vous, pour ma vieillesse, un jeune compagnon !... — Si vous saviez comme elle me deviendrait précieuse, cette fortune inutile aujourd'hui, si vous consentiez à la partager avec moi !... — Raoul, j'ai eu dans ma vie des heures terribles, j'ai beaucoup souffert, mes cheveux ont blanchi avant l'âge !... — Ne ravivez point mes blessures par l'amertume d'un refus !... — que la pitié pour moi se mêle à la tendresse... — dites que vous voulez bien ne plus me quitter... — dites que vous consentez à devenir mon fils...

M. de Labardès se tut.

Il avait prononcé avec une émotion croissante les dernières phrases que nous venons de répéter. L'accent de sa voix était suppliant, — ses genoux se ployaient à demi, — ses mains s'étendaient vers Raoul. — On aurait pu croire qu'il demandait grâce à ce jeune homme, devant lequel il ouvrait les perspectives d'un avenir si splendide et inespéré.

Raoul ne répondit qu'en se jetant dans ses bras et en murmurant, à travers ses larmes d'attendrissement, ces deux mots si doux :

— Mon père...

Le rêve de Marcel se réalisait. — Il allait bien véritablement servir de père à cet enfant qu'il avait fait orphelin !...

Dès le lendemain, M. de Labardès et Raoul de Simeuse quittaient les Pyrénées.

Ils allèrent d'abord en Poitou. — Marcel voulait s'occuper par lui-même des affaires de la succession, et mettre à l'abri de toute dilapidation étrangère le modeste héritage du fils du commandant.

Ces premiers soins accomplis, et ils le furent en peu de temps, car il ne s'agissait que d'une bien humble fortune, M. de Labardès commença avec Raoul une série de voyages qui durèrent plusieurs années, les deux hommes visitant successivement les principaux États de l'Europe, et passant quelques mois dans chacune des grandes capitales.

Ces voyages formèrent le complément de l'éducation de M. de Simeuse, et firent de lui un homme du monde accompli, dans la plus large et dans la meilleure acception du terme.

Une fois ces pérégrinations achevées, Marcel ramena en Provence son enfant d'adoption, et se plut à l'entourer, à la villa Labardès, de tout ce luxe, de toutes ces jouissances qui sont si chères aux jeunes gens, et dont, pour lui-même, il ne se sentait nullement le besoin.

Raoul eut des attelages et des chevaux de selle, — d'élégantes voitures, — des fusils anglais, — des chiens des races les plus pures, — un ravissant petit côtre, conduit par un équipage de trois hommes, pour ses promenades en mer. — Il recevait en outre chaque mois pour ses menus plaisirs une somme tellement considérable, qu'il ne venait point à bout de la dépenser. — Il est vrai de dire que l'orphelin était véritablement un modèle de haute raison, d'ordre et de sagesse.

— Ce n'est pas qu'un sang lymphatique coulât dans ses veines ou que ses passions fussent sans ardeur, mais la délicatesse innée de son âme et les chevaleresques instincts de son cœur lui faisaient regarder avec un suprême dégoût les prétendus plaisirs d'une vie dissolue, et toutes les conséquences qu'ils entraînent.

Dans de telles conditions d'existence, Raoul devait être heureux...

Il le fut complètement jusqu'au jour...

Mais n'anticipons pas sur le récit des faits à venir...

IV

Gontran.

Maintenant que nous avons appris à nos lecteurs ce qu'il leur importait de connaître relativement aux modifications survenues dans l'existence de Marcel de Labardès, depuis l'époque où nous nous étions séparés de lui en 1830, — continuons ce qu'un auteur dramatique appellerait l'*avant-scène* de la seconde partie de notre œuvre.

Nous allons nous occuper tout à la fois de Georges Herbert et des habitants du château de Presles, car on va voir qu'il nous serait tout à fait impossible de parler de l'un sans parler en même temps des autres.

Georges Herbert, — avons-nous besoin de le répéter, — était très-passionnément épris de mademoiselle Diane de Presles.

On se souvient qu'il n'avait quitté sa villa pour aller en Afrique faire une visite à Marcel, que parce que l'absence de sa bien-aimée lui rendait odieux le séjour de la Provence. — On n'a pas oublié non plus qu'après un mois passé dans le blockhaus des environs d'Alger, la nostalgie s'était emparée de lui, et qu'il était revenu en toute hâte par le premier bâtiment français en partance pour Toulon.

Tandis que le navire poussé par une brise favorable fendait rapidement les eaux magnifiques de la Méditerranée, Georges se berçait du doux et invraisemblable espoir d'être salué à son arrivée par une heureuse nouvelle, — la nouvelle du retour du comte de Presles et de sa famille au château.

Cette illusion s'évanouit au moment où le jeune homme posait le pied sur la terre de Provence. — Non-seulement le général n'était point revenu, mais encore rien ne faisait présumer qu'il dût revenir bientôt.

Georges s'arma de courage et de résignation, et presque chaque jour, afin de tromper son impatience, il prit pour but de sa promenade à cheval une éminence d'où ses yeux pouvaient contempler dans le lointain les hautes futaies, les toits pointus et les murs grisâtres du château de Presles.

Une fois rentré chez lui, le pauvre jeune homme s'ennuyait horriblement et passait son temps à paraphraser tout ce qui, depuis des siècles, a été écrit en vers et en prose sur les tourments et les chagrins de l'absence.

On comprend sans peine qu'une semblable occupation ne devait point le disposer à la gaieté ; — aussi son caractère changeait-il d'une manière inquiétante, et un état presque continuel d'irritation nerveuse et presque d'hypocondrie remplaçait-il cette humeur toujours égale et douce qui rendait jadis ses relations si faciles et si agréables.

Ses amis, mal reçus à plusieurs reprises, ne faisaient plus à la villa que de rares et courtes apparitions. — Georges, que les nécessités d'une conversation à soutenir énervaient, se félicitait et s'irritait tout à la fois de cet isolement croissant.

D'une part il était heureux de pouvoir s'absorber tout à son

aise dans ses rêveries amoureuses et mélancoliques, — de l'autre, il s'écriait avec amertume :

— Ah! voilà bien les amis! — Soyez joyeux, prodiguez-leur les fêtes et les plaisirs, — ils accourent! — Soyez tristes, au contraire, — ils s'éloignent de vous à l'instant, comme d'un pestiféré!... On a des amis dans la joie, — on n'en a pas dans le chagrin!

Nous ne contestons point, d'ailleurs, la vérité de ces axiomes rebattus; — nous croyons seulement qu'ils manquaient d'opportunité dans la bouche de Georges. — On n'a pas le droit de se plaindre des gens qui s'éloignent, quand on a fait tout au monde pour les éloigner.

Un matin avant déjeuner le jeune homme, étendu sur un divan dans le cabinet de travail où il ne travaillait guère, bâillait avec énergie et essayait successivement d'excellents cigares qu'il jetait les uns après les autres en les déclarant tous exécrables.

Il entendit sonner à la grille de la villa, et presqu'aussitôt le galop d'un cheval retentissait sur le sable des allées.

En même temps un domestique entrait dans le cabinet de travail et demandait :

— Monsieur recevra-t-il?

— Non pas! — répondit Georges vivement, — je ne recevrai qui que ce soit, sans exception!! — Je n'y suis pour personne... — vous m'entendez bien?

— Parfaitement, monsieur.

Le valet sortit. — Georges alluma et jeta son dernier cigare, en murmurant :

— C'est inouï, ma parole d'honneur!... — depuis le matin jusqu'au soir on est assailli par des importuns!! — Que me veulent tous ces gens-là? — est-ce que je vais les chercher chez eux?...

Puis, sans transition :

— Mon Dieu, mon Dieu! que voilà donc de mauvais cigares!! — C'est bien la peine de les faire venir directement de la Havane et de les payer cinq cents francs le mille!!... — Allons, décidément, le monde n'est peuplé que de filous!!...

Georges achevait à peine de formuler ce nouveau lieu-commun, peu moral, mais peu consolant, — comme eût dit l'immortel Bilboquet, — lorsque le domestique reparut, porteur d'une physionomie qui n'annonçait qu'une médiocre confiance dans le succès de sa démarche.

— Eh bien! — lui demanda brusquement le jeune homme, — que me voulez-vous encore?...

— Monsieur, — balbutia le valet, — c'est pour cette visite...

— Je vous ai dit et répété que je ne recevais pas! — il me semble que c'était clair, que diable!!...

— C'est que...

Le valet s'arrêta, tout interdit, tant le regard de Georges se chargeait d'éclairs.

— Voyons! — s'écria le Provençal, — achèverez-vous? — qu'avez-vous à dire?

— C'est que M. Gontran de Presles insiste beaucoup pour voir monsieur... et alors...

Georges ne le laissa pas continuer.

Il s'élança du divan sur lequel il était étendu, et il répéta avec une indicible expression de joie :

— Gontran de Presles!! — c'est M. Gontran qui est là?
— Oui, monsieur...
— Et vous ne me le disiez pas, imbécile!!...
— Dame! Monsieur ne m'en a pas donné le temps...
— Qu'il vienne... qu'il entre... pour lui j'y suis toujours... — Allez, allez vite!... Mais dépêchez-vous donc, animal... — ou plutôt j'y vais moi-même...

Et Georges, distançant le domestique, ébahi de voir un si grand empressement succéder à une telle insouciance, traversa rapidement deux ou trois pièces et parut sur la plus haute marche du perron, en face duquel caracolait le cheval anglais que montait Gontran.

Le jeune homme ou plutôt l'enfant (car il n'avait guère que l'âge d'un enfant) était toujours ce délicieux *Chérubin* que nous connaissons, — ce mauvais sujet imberbe au doux visage et aux grands yeux de vierge, — ce charmant démon à figure d'ange, déjà présenté par nous à nos lecteurs scandalisés d'une corruption si précoce et si effrayante pour l'avenir.

Hélas! ce que promettait l'adolescent, l'homme fait ne devait un jour le tenir que trop largement!!...

— Comment, c'est vous! — vous, mon cher Gontran!... — s'écria Georges. — Vous dans ce pays, et je n'en savais rien!! Soyez le bien-venu, cent fois, et cent fois encore!!...

— Ah! palsembleu, mon ami Georges, — répondit l'enfant, en faisant le geste de friser sa moustache absente — (geste qui lui était habituel), — et en se donnant des airs régence les plus évaporés et les plus amusants du monde, — je savais bien que vous seriez très-content de me voir et que la consigne donnée par vous ne pouvait pas me regarder!... — Vos valets me soutenaient *mordicus* que vous n'étiez point visible, et j'ai eu toutes les peines du monde à les décider à vous porter mon nom... Foi de gentilhomme, mon très-cher, vous ne feriez pas mal de chasser un peu ces faquins!!... — A propos, je ne vous dérange pas?

— Pouvez-vous me le demander?

— C'est pour la forme! — dit Gontran en sautant à bas de son cheval, dont un domestique prit la bride, — en grimpant en deux bonds les marches du perron et en tendant la main à Georges.

Mais Georges le prit dans ses bras et l'embrassa vivement.

Nous n'affirmerions point que les baisers donnés par le Provençal fussent précisément à l'adresse du jeune garçon...

Nous l'affirmerions d'autant moins que, nous le savons déjà, Gontran ressemblait beaucoup à sa sœur.

Après cette impétueuse accolade, Georges emmena l'enfant dans la pièce que lui-même venait de quitter et lui demanda :

— Depuis quand êtes-vous au château?...

— Depuis hier au soir...

— Comment se portent madame votre mère et mademoiselle Diane? — donnez-moi vite de leurs nouvelles... — Le voyage ne les a-t-il pas fatiguées outre mesure?...

Au lieu de répondre, Gontran se pencha sur la boîte remplie de cigares de la Havane, dont nous avons vu Georges si fort malmener les échantillons un moment auparavant.

— Tiens! — s'écria-t-il, — vous avez là des *puros* magnifiques! — parole d'honneur, je n'en ai pas encore vu de cette beauté-là!!

Et il choisit l'un d'eux avec le parfait aplomb d'un connaisseur émérite.

— Où trouverai-je du feu? — demanda-t-il ensuite.

Georges lui montra une petite lampe à esprit de vin dont on entretenait sans cesse, sur un guéridon, la flamme pareille au feu des vestales de la vieille Rome.

Gontran alluma son cigare, — s'enveloppa dans les nuages d'une fumée blanche et odorante, et répéta à trois ou quatre reprises :

— Parfait!! vraiment parfait!! — Il faudra, mon bon ami, que vous me donniez l'adresse de votre fournisseur... — le diable m'emporte si je consens, désormais, à fumer d'autres cigares que ceux-ci... — Vous vous connaissez en bonnes choses, mon ami Georges! Vous êtes un vrai gentleman!!

Puis, après une pause et quelques nouvelles bouffées, le jeune garçon continua :

— Ou je me trompe fort, mon ami Georges, ou vous m'avez demandé tout à l'heure des nouvelles de ma mère et de ma sœur?

— Vous ne vous trompez pas le moins du monde, et j'ajouterai que j'attends votre réponse avec impatience...

— Eh bien! ces dames se portent à merveille... — elles se portaient ainsi, du moins, quand je les ai vues pour la dernière fois...

— Comment, — s'écria Georges, — quand vous les avez vues pour la dernière fois?...

— Sans doute, — et ça remonte déjà à pas mal de jours...

— Madame de Presles et mademoiselle Diane ne sont donc point arrivées avec vous en Provence?

— En aucune façon.

— Où sont-elles?...

— Avec mon père, à Paris, dans l'ennuyeux hôtel qu'ils habitent en famille aux Champs-Élysées...

— Et vous?...

— Moi, je n'y suis pas, comme vous voyez.

— On vous a laissé partir!!

— Je n'ai pas demandé la permission.

— Une désertion!

— Dites une évasion, mon bon ami.

— Expliquez-vous, mon cher Gontran.

— Je ne suis ici que pour cela, et j'en ai long à vous dire, allez!! — Je vous ferai juge de la façon dont monsieur mon père s'est conduit à mon égard!!

— Je n'ai pas besoin, n'est-ce pas, de vous promettre toute mon attention?...

— Ah! je sais que vous êtes un aimable garçon, et que vous nous aimez beaucoup, moi et ma sœur...

Gontran appuya sur ces derniers mots : *ma sœur*, d'une façon si expressive, qu'une légère et involontaire rougeur envahit les joues et le front de Georges.

L'enfant sourit malicieusement, et continua :

— Oui, ma parole d'honneur, je vous regarde comme mon ami; — j'ai confiance en vous, et je ne tarderai pas beaucoup à vous en donner la preuve...

— Mon cher Gontran, je vous écoute.

— Oh! rien ne presse, — nous avons du temps devant nous... — personne ne viendra nous interrompre... — Avez-vous déjeuné?

— Non, — répondit Georges, — pas encore. — J'espère bien que vous déjeunerez avec moi.

— J'allais vous prier de m'inviter... — vous voyez que j'agis sans façon... — Faites servir le plus tôt possible... — je meurs de faim...

Georges sonna.

— Le déjeuner dans cinq minutes, — dit-il au valet de chambre; — deux couverts.

Au moment où le valet allait sortir, Gontran l'arrêta du geste.

— Mon ami Georges, — demanda-t-il, — vous avez une glacière ici, n'est-ce pas?...

— Oui; — pourquoi cette question?

— Oh! mon Dieu, tout simplement pour vous rappeler de donner l'ordre de faire frapper du vin de Champagne...

— Cela allait de soi, — fit le Provençal en souriant. — Faites hâter le service, Dominique.

— Oui, monsieur.

— Du Bouzy œil-de-perdrix, n'est-ce pas? — reprit Gontran, — ou du Veuve-Clicot rosé?... — Ce sont les vins que je préfère...

— Vous entendez, Dominique? — dit le maître de la maison; — descendez vous-même à la cave...

— Deux bouteilles! — ajouta Gontran, — et montez en même temps du xérès sec...

Dominique sortit.

— Est-ce que vous comptez vous griser? — fit Georges en riant.

— Me griser? — allons donc! — me prenez-vous pour un enfant? — Je suis à l'épreuve du vin, mon bon ami! j'absorberais le contenu d'un flacon de rhum sans être plus ému que vous ne l'êtes dans ce moment... — D'ailleurs, depuis quelque temps on me tient au régime, ce qui ne me va point, et j'éprouve l'impérieux besoin de me retremper par une petite débauche...

— A propos de régime, vous ne souffrez plus des suites de votre coup d'épée?

— En aucune façon... je suis tout prêt à recommencer...

— Vraiment?

— Et tenez pour certain que je ne le garderai pas pour moi, ce coup d'épée! — je meurs d'envie de le rendre à celui de qui je l'ai reçu! — Entre nous, voilà le seul genre de dettes que j'aime à payer...

— Savez-vous, mon cher Gontran, que vous êtes un bien mauvais sujet?

— Parbleu! — répliqua l'enfant avec une expression orgueilleuse, en frisant plus que jamais sa moustache absente.

— Vous commencez de bonne heure!...

— Jamais trop tôt; — plus on part jeune, plus on va loin...

— Ne va-t-on pas quelquefois trop loin? — hasarda Georges, presqu'effrayé par la cynique démoralisation qu'affichait le frère de sa Diane bien-aimée, et se demandant s'il avait sous les yeux une nature profondément pervertie, ou tout simplement un fanfaron de vices.

— Ah! çà, — s'écria Gontran, — est-ce que vous allez me faire de la morale, par hasard? — Vous, un garçon, ce serait joli! — Je vous préviens, mon bon ami, que vous perdriez votre temps et vos peines et que vous ne seriez pas amusant. — Or, le premier devoir d'un maître de maison est d'amuser ses hôtes. — Je suis votre hôte, — amusez-moi!

Georges ne put s'empêcher de sourire.

— Vous avez ri, vous voilà désarmé! — reprit Gontran. — Laissons la morale aux têtes grisonnantes, — et tout à l'heure, le verre en main, vous me conterez vos joyeuses aventures...

— Ah! soyez tranquille! — ajouta-t-il, — je ne répéterai pas vos confidences à ma sœur...

Pour la seconde fois Georges rougit en entendant cette allusion transparente à sa passion pour mademoiselle de Presles, passion qu'il croyait si bien cachée, et son embarras fut extrême et manifeste.

Dominique coupa court à cet embarras, en venant annoncer que le déjeuner était servi.

Les deux jeunes gens passèrent dans la salle à manger.

V

Le déjeuner.

Mon cher Georges, — dit Gontran après avoir rempli et vidé son verre à deux reprises, et en faisant claquer sa langue contre son palais à la façon des *gourmets* ou *dégustateurs jurés,* — vous avez là du xérès sec qui est un joli vin... Je le déclare bien supérieur à celui de monsieur mon père, qui cependant se pose en connaisseur de premier ordre et prétend que sa cave est excellente... — Le brave homme n'y entend rien... — S'il voulait me laisser faire, je mettrais tout sur un bon pied au château de Presles, et ça ferait honneur à la famille... — Mais non! — on ne s'en rapporte point à moi, — on manque de confiance. Le comfort s'en ressent, — les écuries sont mal tenues, et l'on n'a que des vins médiocres... — Parlez-moi de votre xérès!... il est chaud comme un rayon de soleil d'Espagne, et plus parfumé que tous les bouquets de bal de ma sœur... — Aimez-vous le vin de Porto?

— Je lui préfère le vin de Madère.

— C'est un tort...

— Ah! çà, et ce récit que vous m'aviez promis, est-ce que vous l'oubliez?...

— Non, mon ami Georges. — Je vais vous narrer rapidement les aventures de mon voyage à Paris, et vous verrez que les façons d'agir du marquis de Mirabeau le père, vis-à-vis de son fils, ne furent que bien peu de chose mises en regard des procédés de l'auguste auteur de mes jours!...

— Vous vous comparez à Mirabeau? — demanda Georges, qui ne put comprimer un sourire; — donnerez-vous, comme lui, de bons coups d'épaule à quelque révolution future?...

— Ah! si je pouvais! — malheureusement, je ne peux pas!! — Voyez-vous, mon ami Georges, le Code est à refaire... — La loi des héritages est absurde!! — les parents devraient être contraints, bel et bien, de partager leur fortune avec leurs enfants...

— Peut-être changerez-vous d'avis quand vous serez marié et père de famille...

Gontran eut un éclat de rire long et retentissant.

— Moi, marié! — moi, père de famille!!.. — s'écria-t-il ensuite, — ah! la bonne plaisanterie!! — Est-ce que vous me trouvez la physionomie d'un desservant du *temple de l'Hyménée?*

Le jeune homme but une pleine coupe de vin de Champagne frappé, — il caressa du bout des doigts les pointes chimériques de sa moustache, et il ajouta d'un ton sérieux avec une expression d'incomparable fatuité :

— Quand on sait aussi bien que moi, mon bon ami, à quoi s'en tenir sur la vertu des femmes, on ne se marie que le moins possible... Tenez, ne parlons plus de mariage; rien que ce vilain mot me fait mal aux nerfs... — Je sais bien qu'il ne produit pas sur tout à fait sur vous le même effet... — Ceci tient à ce qu'il vous reste des illusions que je n'ai plus... — Je vous plains sans vous blâmer... — Il est possible, d'ailleurs, que vous soyez heureux en ménage... — il y a, — dit-on, — des gens qui mangent tous les jours à leur dîner un morceau de bœuf bouilli, et qui ne s'en lassent jamais... — Peut-être ma comparaison manque-t-elle de clarté, mais, moi, je sais parfaitement bien ce que je veux dire... — Enfin, ce n'est point de tout cela qu'il s'agit... — Je vous dois un récit, et je vais vous payer ma dette... — Voulez-vous me passer le flacon de genièvre?...

— Mais, mon cher Gontran, vous allez vous incendier la poitrine...

— Bah! laissez donc... — Dans tous les cas, j'éteindrai l'incendie avec du rhum; et, s'il persiste, je l'étoufferai sous un flot de kirsch!...

Georges écoutait avec un effroi réel les bravades de l'adolescent, qui, joignant l'action aux paroles, avalait comme de l'eau les liqueurs ardentes dont il venait de prononcer les noms.

Kirsch, rhum et genièvre semblaient d'ailleurs ne produire aucun effet sur son organisation étrange.

Le regard de l'enfant ne paraissait ni plus brillant ni plus animé que de coutume; — son visage gardait sa pâleur mate et légèrement rosée; — un sourire plein de douceur et d'ingénuité soulevait ses lèvres fraîches et pures.

— M'écoutez-vous? — demanda-t-il.

— Avec autant d'attention que d'intérêt. — répondit Georges, qui ne mentait point, car il était tout oreilles pour un récit dans lequel il supposait que le nom de Diane serait souvent prononcé.

— N'êtes-vous pas venu au château de Presles la veille de notre départ? — dit Gontran.

— Oui.

— Alors vous saviez que nous partions, mais très-certainement vous ne saviez pas où nous allions...

— Ceci est exact.

— Eh bien! mon bon ami, j'étais logé à la même enseigne que vous... — j'ignorais complètement quel était le but inconnu vers lequel nous entraînaient les chevaux de poste... Installé sur le devant de la berline, à côté de mon père, en face de ma mère et de ma sœur, je trouvais que la situation manquait complètement de gaieté... — Mon père me battait très-froid, à cause de ce malheureux coup d'épée que j'avais cependant reçu tout à fait malgré moi... et aussi à propos de quelques petites peccadilles fort peu insignifiantes qu'elles ne valent point la peine de vous être racontées... Quant à ma mère et à ma sœur, elles passaient leur temps dans un état d'attendrissement perpétuel, s'essuyant les yeux toutes les trois minutes, et se jetant d'heure en heure dans les bras l'une de l'autre... — Je n'exagère point, nous avions l'air d'aller à un enterrement.

— Et d'où provenait la tristesse de ces dames?...

— On n'a jamais pu savoir ! — Bien habile serait celui qui parviendrait à découvrir pourquoi les femmes pleurent !! — C'était très-attendrissant, mais horriblement ennuyeux... — Je demandai l'autorisation de quitter l'intérieur de la voiture et de monter sur le siège. — J'allumai mon cigare, et je commençais à le savourer en paix, quand tout à coup mon père passa sa tête par la portière et me cria : — *Gontran, la fumée fait mal à votre mère...* — Je jetai mon cigare avec un désespoir que vous comprendrez, et je maudis le fardeau de l'existence ! — Le soir, à la couchée, mon père daigna m'apprendre que nous allions à Paris et que vraisemblablement nous y passerions plusieurs mois. — Cette nouvelle me remplit de joie. — Je connais mes classiques, et je sais que c'est à Paris qu'on trouve les *comtesses de Lignolles* et les *marquises de B**** — Rien ne pouvait donc m'être plus agréable que de faire connaissance avec la grande ville... — Hélas ! trois fois hélas !! — la déception devait succéder bien vite à mes illusions folles...

Ici Gontran s'arrêta pendant quelques secondes.

Il prit un grand verre, qu'il remplit d'un mélange dont voici les éléments et les doses, et que nous croyons devoir recommander à l'attention impartiale et éclairée des véritables connaisseurs.

Tout d'abord, au fond du verre il plaça trois ou quatre morceaux de sucre.

Le vin de Champagne frappé occupa les deux tiers du récipient de cristal ; — le kirsch et le genièvre, par quantités égales, firent les frais de l'autre tiers.

Le jeune homme remua avec le plus grand soin cette préparation, afin d'en mélanger convenablement toutes les parties, puis il l'avala à petites gorgées, en donnant les signes non équivoques d'une satisfaction très-vive et très-motivée.

— Mon cher Georges, — s'écria-t-il après avoir bu, — si l'on veut me faire revenir à la vie, vingt-quatre heures après ma mort, on n'aura qu'à me verser dans le gosier quelques cuillerées de ce grog aux trois essences...

— Ne manquez pas, — dit le Provençal en riant, — ne manquez pas de mentionner expressément ceci dans votre testament...

— A quoi bon?

— Mais, vous venez de le dire, à revivre...

— Me croyez-vous naïf ? — Voici quel serait l'unique résultat d'une mention de ce genre... mes héritiers (si tant est, ce dont je doute, que je laisse un héritage quelconque à l'heure de mon décès) ne m'en enterreraient que plus vite, en ayant grand soin, je jure, de ne point tenter l'épreuve...

— Le croyez-vous vraiment?

— J'en suis sûr.

— Agiriez-vous ainsi, vous?

— Parbleu !!

— Même avec votre père?...

— Avec lui plus qu'avec un autre... — Qu'est-ce qu'un père? — un coffre-fort donné par la nature, ouvert par le trépas, et dont il est tout à fait à propos d'hériter le plus tôt possible... — Souvenez-vous de ma théorie au sujet de la révision du Code...

— Allons, mon ami Gontran, vous ne dites pas ce que vous pensez... — murmura Georges, à qui les dernières phrases de l'adolescent faisaient l'effet d'un coup de bâton reçu dans le creux de l'estomac ; — elles lui coupaient la respiration.

— Ma foi, si, — répliqua Gontran.

— C'est impossible !!

— Je vous donne ma parole, cependant, que rien n'est plus exact... — Ça vous étonne dans le premier moment, parce que votre philosophie n'est pas à la hauteur de la mienne, et que vous abondez encore dans le sens des vieux préjugés reçus... — Ah! mon ami Georges, les hommes de votre âge se sont joliment laissé distancer par la génération qui les suit... — Mais j'espère bien que je vous formerai...

Le Provençal ne répondit point.

La phénoménale assurance du jeune garçon, son prodigieux et imperturbable aplomb, le stupéfiaient au point de paralyser sa présence d'esprit d'une façon à peu près complète.

Gontran hocha la tête.

— Oh ! je vois bien que vous n'êtes pas convaincu, — dit-il ; — mais ça m'est égal, — la conviction viendra plus tard...

Et il reprit son récit commencé et interrompu.

— Notre voyage continuait. — Nous allions à petites journées, afin de ne point fatiguer ma mère qui se plaignait d'être souffrante ; — nous nous arrêtions chaque soir, et nous couchions dans des auberges plus ou moins mauvaises, où des vins aigrelets arrosaient des poulets durs et des fricandeaux à l'oseille... — Déplorables souvenirs !! — Enfin, le sixième jour, nous arrivâmes à Paris. — Je m'attendais à descendre à l'hôtel Meurice, à l'hôtel des Princes, ou dans quelqu'autre de ces élégants caravansérails qu'on ne saurait se dispenser d'habiter quand on s'appelle le comte de Presles et qu'on a cent mille livres de rentes...

« Ah ! bien, oui !!...

« Notre chaise de poste nous arrêta à la porte d'une très-obscure maison meublée de la rue de La-Ville-l'Évesque, dans laquelle mon père avait retenu un logement d'avance. — Ce logement, qui se composait de quatre ou cinq pièces, était invraisemblablement mesquin. — Il y avait à l'étage supérieur une chambre pour moi, communiquant avec l'appartement par un escalier de service. — Pour sortir et rentrer, j'étais obligé de traverser la salle à manger et l'antichambre de ma famille...

« Ça vous paraît incroyable ce que je vous dis là, mon ami Georges, et c'est cependant l'exacte vérité !...

« Ajoutez à ceci que nous n'avions emmené ni valet de chambre pour mon père et pour moi, ni femme de chambre pour ces dames. — Nous avions l'air de malheureux bourgeois en voyage !... — J'en étais humilié profondément. — Je suis le dernier représentant de la famille des comtes de Presles, après tout !... — Mon père n'a pas le droit de me faire mener, même en passant, une existence de croquant !... — Qu'en pensez-vous ?...

— Oh ! mon cher Gontran, — répondit Georges, — je ne pense rien, je n'ai pas encore eu le temps de me former une opinion... j'attends la suite de vos impressions de voyage qui me paraissent extrêmement piquantes.

— Flatteur !...

— Ma foi, non. — Je dis ce que je pense.

— Gardez vos compliments, mon bon ami, pour le moment où l'intérêt va venir !... — Je poursuis : — Notre séjour dans la maison meublée dont je vous parlais fut d'ailleurs de courte durée. — Un matin ; mon père me rentra vers le milieu du déjeuner, et il annonça à ma mère qu'il avait trouvé un hôtel convenable et que nous en prendrions possession le soir même... — Quelques heures après, nous roulions en fiacre, — oui, *en fiacre*, je ne m'en dédis pas, — vers les Champs-Élysées ! — Que dites-vous de cela ?... le général comte Henry de Presles, grand-officier de Saint-Louis et de la Légion d'honneur, la comtesse sa femme, monsieur son fils et mademoiselle sa fille :

« ...Durement cahotés
« Sur les coussins poudreux de chars numérotés !.. »

C'était fort ! — Mon père n'a pourtant pas tout à fait encore atteint l'âge où l'on tombe en enfance !... — Après ça, peut-être est-il un vieillard précoce !...

« Nos véhicules à trente sous l'heure dépassèrent le Rond-Point et s'engagèrent dans la rue de Chaillot... — Connaissez-vous la rue de Chaillot?...

— Oui.

— Vous savez alors qu'elle est prodigieusement laide et triste, — que l'herbe y pousse entre les pavés et qu'on s'y croirait à cent cinquante lieues de Paris tout au moins... — Est-ce vrai?

— C'est vrai.

— Les fiacres roulaient toujours. — Mon père cria : *Halte !*

— je regardai curieusement et je vis un grand mur percé d'une large porte peinte en vert. Les jardins des notaires et des médecins de campagne ont des portes dans ce genre-là. — Un des cochers descendit de son siège et sonna. — On ouvrit. — Les fiacres entrèrent dans une cour assez vaste et s'arrêtèrent devant un perron presque aussi vermoulu que celui de la villa Labardès... Je sentis quelque chose de pareil à un manteau de glace s'étendre sur mes épaules, quand je pénétrai dans le vestibule de ce vieil hôtel, assez grandiose, mais désert depuis plus de vingt-cinq ans et que mon père avait loué avec tout son mobilier suranné... — Derrière l'habitation s'étendait un grand jardin entouré de hautes murailles sombres, pareilles à celles d'une prison, et planté d'arbres aux feuillages grêles et aux troncs noirs comme de l'encre. — Un cloître aurait été moins lugubre que l'ensemble de toutes les choses que j'avais sous les yeux. — Ma parole d'honneur, je me dis : — *Il doit y avoir des revenants là-dedans !* — Cet hôtel était fait pour abriter des proscrits ou des condamnés qui se cachent, et non pas pour servir de résidence à une riche famille venant pour l'hiver à Paris... — Décidément monsieur mon père perdait la tête de plus en plus...

« L'intérieur répondait de tout point à l'extérieur. — De grandes pièces à moitié nues, où les moisissures fleurissaient sur le marbre des cheminées, — où des glaces avaient verdi, de façon à donner une apparence de spectre aux gens qui s'y regardaient ! — Sans aucun doute des champignons devaient pousser sur les *bergères* et sur les *sophas* du salon...

« — Eh bien ! Gontran, — me demanda mon père, — comment trouvez-vous notre nouvelle habitation ?...

« — Extrêmement affreuse... — répondis-je sans hésiter, — et, pour peu que vous ayez l'intention de recevoir, vous serez obligé de tout bouleverser de fond en comble...

« — Je n'aurai pas cette peine... — dit mon père.

« — Comment cela ?

« — Je ne compte pas recevoir.

« — Pas un peu, pas seulement un peu ?...

« — Ni peu, ni beaucoup, pas du tout.

« — Mais alors, si vous ne recevez point, nous n'irons donc jamais dans le monde ?

« — Nous n'y mettrons pas les pieds.

« — Vous avez cependant à Paris non-seulement une foule de gens de votre connaissance, mais encore, je crois, des parents...

« — Vous ne vous trompez pas.

« — Et nous les verrons point ?...

« — C'est mon intention.

« — Ni amis, ni parents ?

« — Personne.

« — Mais pourquoi ?...

« — Parce que votre mère est souffrante, qu'elle a besoin de repos, et que nous ne passerons pas l'hiver à Marseille comme de coutume, précisément pour fuir le mouvement et les exigences du monde...

« — Voilà qui ne sera pas gai ! — murmurai-je.

« — Vous avez un moyen de ne pas vous ennuyer, — répliqua mon père qui m'avait entendu.

« — Lequel ?

« — Occupez-vous.

« — A quoi voulez-vous que je m'occupe ?...

« — Travaillez.

« — A quel travail voulez-vous que je me livre ?...

« Ici, mon père jugea convenable de formuler une liste démesurément longue des choses innombrables que, selon lui, je ne savais pas et que j'avais besoin d'apprendre.

« Moi qui crois savoir à fond toutes les sciences utiles de la vie, je paraissais naturellement peu convaincu.

« Mon père haussa les épaules, fronça les sourcils et ajouta :

« — Faites ce que vous voudrez quant au travail, — mais il est une chose à laquelle je tiens et que j'exige absolument... — c'est la régularité de votre conduite... — Je ne veux pas que les scandales de Toulon se renouvellent ici !... — votre mère a besoin des plus grands ménagements... — les inquiétudes que vous pourriez lui causer seraient funestes à sa santé... — Veillez donc sur vous-même avec soin... — Je veillerai de mon côté, et je vous préviens que les jours de faiblesse sont passés et qu'avec vous l'indulgence réussit trop mal pour que je ne sois pas décidé à réfréner vos désordres par tous les moyens qui sont en mon pouvoir, et croyez bien que ces moyens ne me manqueront point...

« Mon père termina le petit discours que je viens de vous rapporter textuellement en mettant dans ma main un rouleau de vingt-cinq louis. — Ah ! combien j'aurais préféré qu'il doublât la somme et qu'il me fît grâce du discours !...

« Par malheur, le choix ne m'avait pas été donné...

« Je pris l'argent et je l'empochai, en disant, de fort bonne grâce, un grand merci.

VI

Formosa.

« — A partir de ce moment, mon cher Georges, — continua Gontran, — commença la vie la plus étrangement lugubre qu'il soit possible d'imaginer !... — Ainsi que me l'avait annoncé mon père, les portes de l'hôtel restaient closes. — Nous ne recevions pas un chat. — Ma mère et ma sœur ne mettaient jamais les pieds dehors, excepté le dimanche pour aller aux offices. — Mon père avait loué au mois une voiture dont il ne se servait que rarement et dont je ne me servais jamais, car je n'aime que les chevaux de race et les voitures blasonnées. — Tous les visages, excepté le mien, portaient l'empreinte d'une désolation surhumaine. — Je finis par me mettre à l'unisson de la tristesse générale, et mes lèvres contractèrent l'habitude d'une moue permanente. — Je passais mes journées dehors, mais je ne m'ennuyais pas beaucoup moins dans mes longues flâneries sur les boulevards, que si j'étais resté à l'hôtel. — Que faire dans une ville immense où je ne connaissais personne !... — Comment tuer le temps, n'ayant à ma disposition ni chevaux de selle, ni joyeux camarades ?... Mon père avait exigé, d'ailleurs, que je fusse à l'hôtel pour les repas de famille, et cette exigence me faisait l'effet des entraves qu'on attache aux jambes des poulains pour les empêcher de s'écarter...

« J'allais de temps en temps au spectacle, mais le spectacle n'est un plaisir qu'autant qu'il est suivi d'un souper en amusante compagnie.

« Or, l'amusante compagnie me faisait absolument défaut, et d'ailleurs il fallait rentrer à minuit !...

« Ma parole d'honneur, mon cher Georges, le spleen s'emparait de moi et menaçait de me conduire au tombeau avec une rapidité vraiment effrayante...

« J'espère que vous vous rendez bien compte des horreurs de ma position, et que vous me plaignez de toute votre âme...

— Comment ne pas vous plaindre, pauvre malheureux jeune homme ?... — répondit Georges avec une compassion railleuse, — je crois qu'on chercherait longtemps avant de trouver d'autres malheurs qui puissent se comparer aux vôtres...

— Oui... oui... poussez-vous tout à votre aise, mon bon ami... — répliqua Gontran, — je ne suis pas au bout, et tout à l'heure il vous faudra bien compatir, bon gré mal gré, à la grandeur de mon infortune...

« Un jour, comme j'étais en train de promener mon ennui sur le boulevard des Italiens, je me sentis frapper sur l'épaule. — Je me retournai et je reconnus avec une joie très-vive le visage de l'un de mes bons amis de Toulon, — un certain vicomte de la Follade, que mon père m'avait donné pour un véritable chenapan, ce qui ne me paraissait pas absolument invraisemblable, mais, au demeurant, le meilleur et le plus charmant garçon du monde... — D'ailleurs, l'on écoutait toujours les parents, on ne verrait personne... — Les moindres peccadilles de nos amis leur font l'effet de monstruosités pendables... — Ils ont dans l'œil je ne sais quel bizarre microscope qui grossit tout démesurément...

« — Ah! sacredieu, mon cher Gontran, — s'écria La Follade, — je suis tout à fait joyeux de vous voir!...

« — Et moi donc!...

« Nous échangeâmes des poignées de main à n'en plus finir, puis le vicomte reprit :

« — Vous voici à Paris. — Je ne le savais pas.

« — J'y suis depuis quelques semaines...

« — Je n'ai pas besoin de vous demander si vous vous amusez... — la chose n'est pas douteuse...

« — Ah! mon ami, — murmurai-je avec un accent à fendre le cœur, — je m'ennuie comme un bilboquet dans un tiroir...

« — Impossible!...

« — C'est comme ça.

« — Eh bien! je me charge de vous distraire... — Donnez-moi votre adresse, j'irai vous voir...

« — Ne vous dérangez pas pour cela, — vous ne seriez point reçu...

« — Comment, vous me fermez votre porte?...

« — Ce n'est pas moi, — c'est mon père...

« — Vous vous trouvez donc ici en famille?...

« — Hélas!...

« — Eh bien! nous nous verrons ailleurs que chez vous. — Et d'abord, vous accepterez le dîner que je vous offre aujourd'hui...

« — Je le voudrais, mais je ne le peux pas...

« — Qui vous en empêche?...

« — La consigne paternelle.

« — Allons donc! est-ce que vous espérez me faire croire qu'on vous a remis en sevrage?...

« — Il faut bien que vous le croyez, car c'est historique...

« Je racontai rapidement à La Follade les us et coutumes de l'hôtel de la rue de Chaillot.

« Il m'écoutait en riant beaucoup et en se moquant de moi du meilleur de son cœur.

« — Mon cher ami, — me dit-il quand j'eus achevé, — faites emplette d'un bourrelet, mettez-le sur votre tête et n'en parlons plus!... — Il sera temps de nous revoir lorsque vous aurez fait toutes vos dents!...

« — Vous m'accablez, — m'écriai-je, — ce n'est pas généreux!...

« — Je ne vous accable pas. — J'accepte la situation telle que vous la mettez sous mes yeux... — Ce n'est pas ma faute si elle est grotesque...

« — Donnez-moi plutôt un bon conseil.

« — Le suivrez-vous?...

« — Parbleu!...

« — Eh bien! mon conseil le voici : — Envoyez à tous les diables la consigne paternelle, — dînons ensemble... — Après dîner nous irons au *Théâtre des Nouveautés*... — vous verrez Armantine...

« — Qu'est-ce que c'est qu'Armantine?...

« — Une odalisque dont je suis le pacha, et qui joue les ingénuités audit théâtre... — Le plus joli lutin blond et rose qu'il soit possible d'imaginer... — Cela vous va-t-il?...

« — Cela m'irait beaucoup... — mais...

« — Mais, quoi?...

« — Que dira mon père?...

« — Il dira ce qu'il voudra, et vous le laisserez dire... — Que craignez-vous donc!... — Avez-vous peur du fouet?... — redoutez-vous le pain sec et la chambre noire?... — Il n'y a plus de Bastille, mon pauvre Gontran, pour y renfermer les fils rebelles qui ne rentrent pas dîner chez papa...

« Les railleries du vicomte me décidèrent. — Il fallait passer outre, ou jouer vis-à-vis de lui le rôle d'un véritable enfant plus que craintif. — Vous comprenez que l'hésitation était impossible!...

« — Touchez-là! — dis-je à La Follade, — c'est décidé, nous dînons ensemble!...

« — À la bonne heure.

« Nous passâmes une après-midi charmante!... — La solitude est plus triste à Paris que partout ailleurs! — l'isolement au milieu de la foule est une chose lugubre! — en compagnie du vicomte, le temps semblait littéralement voler.

« Après un dîner d'une gaieté folle aux Frères-Provençaux, La Follade me conduisit au Théâtre des Nouveautés où l'on jouait je ne sais quelle pièce qui faisait fureur. — Je vis Armantine. — Mon ami n'avait rien exagéré, — cette petite était ravissante, mais elle produisit sur moi une impression beaucoup moins vive qu'une de ses camarades, délicieuse brune aux grands yeux bleus qui sur l'affiche adoptait le nom légèrement prétentieux de *Formosa*...

« En cinq minutes, j'avais le cœur pris... — Je fis part au vicomte de l'admiration très-passionnée que je ressentais pour la comédienne, et il me répondit : — C'est une affaire qui pourra peut-être s'arranger... — J'en parlerai dès ce soir à Armantine... — je dois la prendre aussitôt que le spectacle sera fini... — Voulez-vous venir souper en tiers avec elle et moi...

« L'envie d'accepter ne me manquait point, mais je pensais qu'il fallait mettre des bornes, ce jour-là, à mes entreprises insurrectionnelles contre l'autorité de monsieur mon père. — Je déclinai donc l'invitation à mon grand regret, et je repris le chemin de la rue de Chaillot après avoir donné rendez-vous au vicomte pour le lendemain...

« Mon père m'attendait. — J'eus à subir un interrogatoire sur faits et articles, comme on dit en terme de procédure. — Chemin faisant, j'avais eu le soin d'inventer un prétexte à peu près passable pour expliquer mon absence à l'heure du dîner. — Mon père crut à ce prétexte ou n'y crut pas... — ceci est un détail. — Il me dit sèchement :

« — Votre mère a été inquiète. — Que ceci ne se renouvelle point. — Vous m'entendez!...

« Et il me laissa la liberté d'aller me coucher, fort satisfait du succès de mon escapade.

« Le lendemain, je trouvai le vicomte au rendez-vous donné.

« — Vos affaires vont à merveille! — s'écria-t-il en me voyant. — Armantine est l'intime amie de Formosa. — Elle se charge de vous présenter...

« — Où?...

« — Chez elle.

« — Quand?...

« — Dans une demi-heure.

« — Eh bien! allons.

« Et il m'emmena chez l'actrice blonde. — Sa brune camarade ne tarda guère à s'y rendre de son côté. — Elle était plus charmante encore au grand jour qu'aux feux de la rampe. — Le blanc et le rouge avaient laissé complètement intact le frais et délicat velouté de sa peau.

« — Ma chère, — lui dit Armantine, — je te présente monsieur le vicomte Gontran de Presles, fils d'un père complètement hors d'âge et dont la fortune est *incalculable*...

« La Follade et Formosa se mirent à rire. — Armantine continua :

« — Ce jeune gentilhomme, qui ne ressemble pas trop mal, comme tu vois, au *Chérubin* du Mariage de Figaro, — (quand le rôle est joué par une jolie femme), est féru de tes attraits et se propose de solliciter la permission de t'aimer... — Cette prétention ne me paraît point exhorbitante, — mais enfin, c'est toi que cela regarde, — c'est donc à toi de répondre...

« Formosa me sourit du bout de ses belles dents, et me dit :

« — Eh! mon Dieu, monsieur le vicomte, aimez-moi tant que vous voudrez... — Je n'y mets nul obstacle...

« — Mais vous, mademoiselle, — lui demandai-je impétueusement, en prenant une main qui ne se retira pas, — m'aimerez-vous aussi?...

« — Qui sait?... — murmura-t-elle en me lançant un regard plus aigu et plus brûlant que l'étincelle électrique, — aimez-moi toujours... — Ne savez-vous pas qu'on affirme que l'amour est contagieux?...

« Cette réponse était significative. — Je pouvais m'écrier comme César : — *je suis venu!... j'ai vu!... j'ai vaincu!...* — Cependant mon triomphe ne marcha pas tout à fait aussi vite que j'avais cru pouvoir l'espérer d'abord. — Formosa m'avouait volontiers qu'elle éprouvait pour moi un sentiment très-vif, mais elle élevait autour de sa vertu toutes sortes de fortifications. — Quand je venais de battre en brèche une première enceinte de remparts, je me trouvais en face de nouvelles murailles, plus crénelées encore et mieux défendues que les précédentes...

« Je me plaignis à La Follade qui me donna le conseil de me manifester par quelques présents. — Le conseil était bon, mais difficile à suivre.

« — Comment diable voulez-vous que je fasse? — m'écriai-je, — le moyen de faire des présents à une reine de théâtre avec les quelques vingt louis que j'ai dans ma poche?...

« — N'est-ce que cela qui vous embarrasse?...

« — Il me semble que c'est bien assez embarrassant...

« — Bagatelle!... — Je vais vous tirer de ce mauvais pas...

« — Auriez-vous de l'argent à me prêter, par hasard?...

« — Mon cher Gontran, vous savez bien que je ne suis pas riche... — Non; je n'ai aucun argent à vous prêter... malheureusement!! — Mais j'ai une ressource...

« — Laquelle?

« — Avant toute chose, dites-moi si votre père est en relations avec un banquier de Paris?...

« — Oui.

« — Le nom de ce banquier?

« — Jacques Laffitte.

« — A merveille.

« — Est-ce que vous croyez que M. Laffitte me prêtera?... — Le banquier de Toulon m'a refusé. — Songez que je ne suis pas majeur...

« — Il ne s'agit pas d'un emprunt, mais tout simplement d'un renseignement sur la fortune du comte de Presles... — Je vous quitte... — je vais m'occuper de votre affaire. — Soyez demain à deux heures précises au Palais-Royal, dans les galeries de bois. — Je vous apporterai probablement de bonnes nouvelles.

« Le lendemain La Follade tint parole. — Il me conduisit chez un bijoutier de sa connaissance, qui, parfaitement édifié sur la grande position pécuniaire de mon père, se fit un plaisir de me vendre pour une dizaine de mille francs de bracelets, de bagues, de chaînes, etc... et se contenta de mes billets à six mois d'échéance.

« — Je sais bien que monsieur le vicomte est mineur, — me dit-il tout en enveloppant les bijoux, — et que ses billets ne valent rien... — Mais pour ne pas me payer il faudrait un procès, et, quand on s'appelle le comte de Presles, on ne déshonore pas la signature de son fils...

« Nous quittâmes le magasin. — Mes poches étaient pleines d'écrins et de petites boîtes.

« — Qu'allez-vous faire de tout cela? — me demanda La Follade.

« — Vous le savez bien. — Je vais porter ces bijoux à Formosa.

« — Vous avez perdu la tête! — s'écria mon ami.

« — Pas que je sache!.. — Je ne fais d'ailleurs que suivre un conseil donné par vous...

« — Je vous ai conseillé de faire un cadeau, c'est vrai, — mais non pas un cadeau de cette importance... — Choisissez dans votre pacotille une chaîne et deux bracelets, — cela suffira pour la princesse...

« — Eh! que voulez-vous que je fasse du reste?... — Est-ce que je peux mettre des bracelets?...

« — Oui, pardieu! — répondit le vicomte en riant, — vous pouvez les mettre... au Mont-de-Piété... — Cela vous fera de l'argent...

« — Excellente idée! — Mais, pour faire un engagement au Mont-de-Piété, n'est-il pas nécessaire d'avoir un passeport ou des papiers qui me manquent?...

« — Je vous servirai d'intermédiaire... j'ai tout ce qu'il faut...

« Un quart d'heure après, j'avais dans ma bourse deux mille francs en or. — La Follade m'en emprunta cinq cents. — Mais c'était fort naturel et je lui devais bien cela pour ses obligeances sans nombre...

« Je courus chez ma jolie comédienne qui m'accueillit avec une gracieuseté de premier ordre, et parut moins sensible aux bijoux eux-mêmes qu'au désir de lui plaire qui m'avait poussé à les lui apporter...

« — Mon cher vicomte, — me dit-elle, — vous êtes le jeune homme le plus aimable que j'aie jamais rencontré!!

« — Si cela est vrai, — répliquai-je, — pourquoi ne voulez-vous pas que je sois aussi le plus aimé...

« — Qui vous dit que vous ne le soyez pas?...

« — Qui me prouve que je le sois?...

« — Incrédule, il vous faut des preuves!!

« — Il me serait si doux d'en recevoir...

« — Eh bien! peut-être vous en donnerai-je... — Soyez ici demain à une heure précise...

« — Ne puis-je rester aujourd'hui?

« — Non. — Je suis attendue à mon théâtre pour une répétition... — D'ailleurs je joue ce soir, tandis que demain je serai libre...

« Je m'en allai rempli d'espoir. — Cette charmante femme était évidemment folle de moi.

« Le lendemain, à l'heure dite, j'arrivai. — Je trouvai Formosa debout au milieu de son salon, — vêtue d'une élégante robe de soie grise, — un châle sur les épaules, — les brides de son chapeau nouées sous le menton.

« — Avez-vous vu, devant la porte de la maison, une calèche?... — me demanda-t-elle.

« — Oui.

« — C'est la mienne...

« — Vous sortez! — m'écriai-je.

« — A l'instant même, — et je ne sors pas seule...

« — Avec qui donc?

« — Avec vous, mon gentil *cherubino d'amore*...

« — Bravo!... et où allons-nous?...

« — Vous le verrez. — J'ai de grands projets...

« Cinq minutes après, nous étions en route; — nous sortions de Paris; — nous traversions des campagnes charmantes; — nous longions les bords de la Seine; — nous laissions derrière nous des villages dont je ne sais pas le nom, mais qui sont délicieux; — nous gravissions lentement une montée effroyablement ardue, et notre véhicule s'arrêtait enfin sur la lisière de la plus admirable forêt que j'aie jamais vue...

« — Où sommes-nous? — demandai-je à Formosa.

« — Nous sommes à Saint-Germain, — me répondit-elle, — vous allez me donner le bras et nous irons tous deux nous promener dans la forêt...

« Je pensai tout de suite qu'il me serait complètement impossible d'être de retour à la rue de Chaillot pour l'heure du dîner. — J'en pris immédiatement mon parti. — Vous comprenez bien, mon bon ami Georges, que j'avais à m'occuper de toute autre chose que de la mauvaise humeur de monsieur mon père... — Je me dis qu'il y aurait, sans aucun doute, un désagréable quart d'heure à passer, mais de trop gracieuses compensations m'étaient offertes pour me permettre de prévoir et de redouter un avenir dont une demi-journée me séparait...

« J'oubliai tout, pour ne penser qu'à cette radieuse nature qui souriait autour de nous... — aux rayons du soleil brisés par les feuillages des grands arbres et mettant des paillettes lumineuses sur la mousse sombre, au pied des chênes, — aux sentiers mystérieux entrelacés dans l'épaisseur du bois et que j'allais fouler lentement, en sentant une femme adorée s'appuyer sur mon bras...

« Un instant après, Formosa et moi nous nous enfoncions dans la forêt, et je murmurais de ma voix la plus douce, les choses les plus jolies et les plus tendres du monde à l'oreille de ma compagne qui m'écoutait en souriant.

« Il convient ici, mon ami Georges, d'abréger un récit dont les proportions deviennent inquiétantes, même pour un auditeur facile et rempli de bonne volonté comme vous...

« Il me suffira de vous dire que lorsque la comédienne et moi, singulièrement fatigués l'un de l'autre, nous quittâmes Saint-Germain, une semaine tout entière s'était écoulée...

— Une semaine!!... — s'écria Georges stupéfait.

— Mon Dieu, oui, tout autant... — Les premiers jours avaient passé avec la rapidité de l'éclair... — les derniers s'étaient traînés comme des tortues...
— Alors, pourquoi rester?...
— Est-ce que je sais?... — Par amour-propre peut-être... — Formosa ne voulait pas convenir la première de son ennui, et j'imitais Formosa...
— Mais, votre famille?...
— Ma famille ignorait ce que j'étais devenu.
— Vous ne songiez donc point à l'inquiétude mortelle dans laquelle vos parents devaient être plongés?...
— Je n'y songeais pas du tout d'abord... — j'y songeai un peu par la suite... — Mais, comme on dit vulgairement, le vin était tiré, il fallait le boire... — Cependant je n'envisageais pas avec un sang-froid parfait la manière dont je serais reçu par mon père... — Peut-être même est ce un peu pour cela que je retardais le moment du retour...
— Ce n'était que reculer pour mieux sauter..
— Et, quand vous allez connaître la suite de mon aventure, vous verrez qu'au proverbe que vous venez de citer vous pourriez dans la circonstance présente ajouter celui-ci : *Au bout du fossé la culbute !!* — J'avais cependant pris mes précautions pour capitonner le fossé le mieux possible, afin que la culbute que je prévoyais fût moins rude... — La veille du départ j'avais adressé par la poste, à mon père, une lettre par laquelle je lui annonçais mon retour pour le lendemain... — Dans cette lettre, — (très-habilement tournée, ma foi), — je lui demandais de ne pas me questionner sur les motifs de mon absence, laissant entendre, d'une façon vague et mystérieuse, que l'honneur d'une noble famille se trouverait compromis par la moindre indiscrétion de ma part... — Je comptais fort sur l'effet de cette lettre, ce qui ne m'empêcha pas d'être assez mal à mon aise en franchissant le seuil de l'hôtel et en me dirigeant vers la chambre de monsieur mon père...

VII

Une Bastille.

— Mon cher enfant, — dit Georges en interrompant pour une seconde le récit de Gontran, — vous conviendrez volontiers, j'imagine, que votre escapade dépassait tant soit peu les bornes d'une excusable légèreté, et que le général avait parfaitement le droit de ne pas se trouver satisfait?...
— Non, certes ! je n'admettrai point cela !... — répliqua le jeune garçon, — car pour l'admettre il faudrait partir d'un principe faux, archi-faux !...
— Lequel?...
— Celui qui tendrait à soutenir qu'à mon âge on n'est point un homme, libre de sa personne et maître de ses actions... — qu'on doit demander des permissions et rendre des comptes, ce que je nie formellement...
— Mais alors, l'autorité paternelle, que deviendrait-elle?...
— Elle deviendrait ce qu'elle pourrait... et croyez bien

qu'en cas de perte, ce n'est pas moi qui me mettrais à sa recherche...

— Cependant, la loi est positive...

— Eh! qui vous parle de la loi, mon ami Georges? — s'écria Gontran. — Je vous ai déjà dit, vous le savez bien, que le Code était à refaire!

A ceci il n'y avait rien à répondre. — Gontran portait une cuirasse de perversité contre laquelle les arguments les plus forts et les plus logiques devaient se briser sans laisser de traces.

— Diable! — pensa Georges, — si j'ai le bonheur inespéré de devenir un jour le mari de Diane, je posséderai là un petit beau-frère qui ne sera point des plus commodes!...

Avons-nous besoin d'ajouter qu'il enferma cette réflexion dans la case la mieux close de son for intérieur?

— Continuez donc... — dit-il seulement.

Ici nous demandons à intervenir pour une réflexion toute personnelle.

Peut-être nos lecteurs trouvent-ils que nous accordons aux confidences de Gontran une importance exagérée, et que nous leur laissons envahir une place considérable et qui pourrait être employée infiniment mieux.

Si véritablement cette accusation est formulée, notre réponse est bien facile. — Nous ne saurions exclure de notre œuvre de minutieux détails sur les débuts dans la vie d'un personnage qui doit jouer un rôle capital dans la suite de notre récit; et la parfaite connaissance de son caractère, de ses mœurs, de ses antécédents, du cynisme de son esprit faussé et de son cœur perverti, peuvent seuls expliquer ce rôle et rendre vraisemblable ce qui est vrai.

Pardon de cette digression nécessaire. — Nous revenons à *nos moutons* pour ne plus les quitter.

— Mon père était seul au moment où j'entrai dans sa chambre... — reprit Goutran. — Je m'attendais à une scène violente, — à de grands éclats de colère, — à des récriminations sans fin au sujet de mes *funestes déportements*, entremêlés de prédictions sur l'*effrayant avenir* que je me préparais...

« Mon attente fut déçue. — Mon père ne m'adressa pas un reproche; — il se contenta de me lancer un regard froid comme une lame de couteau, et il m'adressa ces simples paroles :

« — Je n'ai rien à vous dire, monsieur; — montez dans votre chambre...

« J'obéis, plus irrité et plus humilié par ce dédaigneux silence que je ne l'aurais été par une avalanche d'anathèmes fulminés sur ma tête peu repentante. — Décidément, on me traitait en enfant! — On ne se donnait seulement pas la peine de m'adresser une semonce! — on m'envoyait dans ma chambre!... — Ah! *Demonio!*

« Enfin, je pris patience en me disant : — Nous allons voir la figure qu'ils auront tous à dîner!...

« On dînait à six heures.

« A cinq heures et demie, un des domestiques de louage, qui faisait le service de la maison, entra dans ma chambre et se mit en devoir de débarrasser une petite table sur laquelle il étendit une serviette en guise de nappe.

« — Qu'est-ce que vous faites donc? — lui demandai-je.

« — J'obéis aux ordres de monsieur le comte, — me dit-il, — je prépare la table pour monsieur le vicomte...

« Ah ! pour le coup, le sang me monta au visage avec une impétuosité si grande, que pendant quelques secondes je vis tout en rouge autour de moi ! — Une pareille humiliation devant des valets ! — Mon ami La Follade m'avait demandé, quelques jours auparavant, si j'avais peur de recevoir le fouet ou d'être mis au pain sec ! — Monsieur mon père m'infligeait l'équivalent de ces punitions enfantines ! — Il n'y avait pas à dire non, — j'étais bel et bien en pénitence! moi, Gontran de Presles ! moi, depuis longtemps un homme fait, sinon par mon âge, du moins par ma vie, puisque j'avais eu tout ce qui constitue l'homme, des duels et des maîtresses ! — A votre tour vous en conviendrez, mon ami Georges, c'était aussi trop fort !

« Tandis que je reprenais, à grand'peine, un peu de calme, le domestique continuait à mettre tout en ordre pour mon repas solitaire.

« — Vous faites une besogne inutile, — lui dis-je, — je dînerai en bas avec ma famille...

« — Mais, monsieur...

« — Descendez, et mettez mon couvert à ma place accoutumée.

« — Mais, monsieur...

« — Obéissez et dépêchez-vous, — sinon je vous préviens que je vais vous couper la figure à coups de cravache.

« Le pauvre diable ne se le fit pas répéter deux fois ; — il s'enfuit comme s'il avait entendu déjà siffler autour de ses oreilles la cravache dont je le menaçais.

« Six heures sonnèrent. — Je descendis avec un aplomb parfait, et je me trouvai le premier dans la salle à manger, où mon père, ma mère et ma sœur ne tardèrent pas à entrer. — Le général était en colère, je le voyais bien à sa pâleur et au froncement de ses sourcils, mais il ne fit pas une observation et il me servit comme de coutume...

« Voilà un dîner qui ne fut pas gai, mon ami Georges ! depuis le premier service jusqu'au dessert, aucune parole ne fut prononcée. — Je regrettais presque de n'être pas resté dans ma chambre, tant la vue de ces visages lugubres m'ôtait l'appétit. — Je comparais ce repas avec les petits dîners que je venais de faire à Saint-Germain en compagnie de Formosa... — quelle différence !!..

« On se leva de table, et je remontai. — Je m'ennuyais à périr dans la solitude. — Je pris mon chapeau et je voulus sortir. — Arrivé dans la cour, je trouvai la porte close... — Je criai au concierge de me tirer le cordon. — Il parut sur le seuil de sa loge et me dit d'un ton goguenard :

« — Si monsieur le vicomte tient absolument à sortir, il faut qu'il aille demander la clef à monsieur le comte, qui l'a dans sa poche...

« J'étais prisonnier !!

« Je songeai bien un peu, dans le premier moment, à escalader les murailles, mais j'y renonçai vite. — D'abord je n'avais pas d'échelle, ensuite je voulais voir jusqu'où la tyrannie paternelle pourrait aller en plein dix-neuvième siècle, après deux révolutions faites au nom de la liberté !!

« Elle est jolie, votre liberté ! parlons-en !!..

« Je regagnai ma chambre ; — je me jetai sur mon lit, et je dormis de rage jusqu'au lendemain matin.

« Au moment où je venais de me lever et de m'habiller, — vers neuf heures, — le domestique frappa à ma porte. — Je lui demandai ce qu'il me voulait. — Il me répondit que mon père m'attendait dans sa chambre.

« — Allons, pensai-je, — nous allons avoir aujourd'hui la petite explication sur laquelle je comptais pour hier... — Tant mieux ! — ce sera une affaire finie... — Après l'orage revient le beau temps !!

« Je me trompais encore.

« — Allez chercher votre chapeau, — me dit mon père, — vous sortez avec moi...

« Je sentis un léger frisson. — Évidemment mon père n'avait point l'idée de me faire faire une promenade d'agrément...

« Où diable allait-il me conduire ? — Je n'ai jamais aimé l'incertitude ; elle me trouble et m'inquiète. — Je me rassurai à demi en me disant que, grâce au ciel, il n'y avait plus de Bastille. — Illusion !.. illusion !!.. illusion !!!..

« La voiture attendait dans la cour ; — nous montâmes. — Le cocher avait reçu des ordres à l'avance ; — il fouetta ses chevaux sans demander où nous allions. — Au bout d'une heure il arrêtait son véhicule dans le haut de la rue Saint-Jacques, devant une vaste maison noire dont les fenêtres étaient grillées, et qui ressemblait comme deux gouttes d'eau à une prison...

« On nous ouvrit une porte étroite. — Je vis une cour entourée de grands bâtiments. — Au-dessus de quelques ouvertures on lisait des inscriptions comme celles-ci : parloir, — réfectoire, — etc... — Je n'y comprenais exactement rien.

« — Monsieur Génin ? — demanda mon père à l'espèce de concierge qui nous avait introduits, et qui répondit :

« — Monsieur le directeur est chez lui, — l'escalier en face, — au premier, — la porte à droite...

« Nous suivîmes la direction indiquée, et un instant après, dans un cabinet orné des bustes de tous les sages de la Grèce, nous étions en face d'un vilain petit homme chauve qui portait des lunettes d'or et qui salua mon père avec une obséquiosité sans pareille.

« — Monsieur le comte, — demanda-t-il en me désignant, — est-ce là le jeune homme ?...

« — C'est mon fils, dont je vous ai parlé hier, oui, monsieur... — répondit l'auguste auteur de mes jours...

« — On ne saurait avoir une physionomie plus douce... — reprit en me souriant le vilain petit homme ; — elle semble annoncer un heureux et charmant naturel...

« — Vous devez savoir, monsieur, qu'il y a des physionomies bien trompeuses... — celle-là est du nombre. »

« — Permettez-moi d'espérer que le mal n'est point sans remèdes, et qu'avec de bons soins et de sages conseils, nous viendrons à bout d'extirper tous les mauvais germes...

« — Que Dieu vous entende ! monsieur, car, pour ma part, je n'ose presque plus espérer depuis que mes espérances ont amené de si amères déceptions...

« J'écoutais. — Je savais bien qu'il était question de moi, mais je vous affirme, mon ami Georges, que je ne comprenais pas du tout... — Je me demandais vraiment quelle sorte d'influence pouvaient avoir sur moi le petit M. Génin et ses lunettes d'or, et je ne trouvais pas de réponse.

« Mon père reprit :

« — Je ne vous ai rien dissimulé, monsieur, — c'est une brebis galeuse que je vous confie... — Traitez-la par l'isolement et faites en sorte de préserver de la contagion le reste de votre troupeau...

« — Oh ! monsieur le comte, soyez tranquille !! — plus d'une fois déjà j'ai reçu de la confiance de familles attristées des mandats du même genre... — Je me flatte d'avoir su toujours les accomplir honorablement et à la satisfaction générale...

« — Il ne me reste donc qu'à vous remercier d'avance... — dit mon père en faisant un pas pour se retirer...

« Je m'étais levé comme lui, — et en même temps que lui je me dirigeais vers la porte.

« Il s'arrêta.

« — Où allez-vous ? — me demanda-t-il d'un air étonné.

« — Je vous suis, — répondis-je.

« M. Génin souriait agréablement.

« Mon père attacha sur moi son regard glacé de la veille au soir.

« — Est-ce que par hasard vous n'auriez pas compris ? — fit-il au bout d'un instant.

« — Je n'ai rien compris à des choses qui ne me regardaient pas.

« — Ce n'est point cependant l'intelligence qui vous manque ! — Eh bien ! puisqu'il faut vous répéter ce que vous auriez dû deviner, — puisqu'il faut vous apprendre ce que vous prétendez ignorer, — sachez que vous allez rester ici !...

« — Ici !! — m'écriai-je, — mais je ne sais même pas où nous sommes...

« Ce fut M. Génin qui répondit :

« — Mon jeune ami, — me dit-il, — vous êtes dans une maison d'éducation que j'ai l'honneur de diriger...

« — Eh bien! quel rapport peut-il y avoir entre une maison d'éducation et moi?... — Est-ce que j'ai la mine et l'allure d'un écolier? — Ceci est une plaisanterie, n'est-ce pas?

« — Je doute très-fort, — répliqua M. Génin, — que monsieur votre père envisage la question sous son côté plaisant...

« — Sérieusement, — balbutiai-je, — est-ce que vous auriez la prétention de me garder?

« — Eh! mon Dieu oui, mon jeune ami... — Soyez sans inquiétude, du reste, vous n'aurez point le déplaisir de vous trouver en contact avec mes tout jeunes élèves... — J'ai des chambres charmantes destinées à recevoir des pensionnaires de votre âge dont les études sont achevées... — Vous occuperez l'une de ces chambres. — Ma bibliothèque, bien fournie en excellents livres, sera sans cesse à votre disposition. — Vous mangerez à ma table, moins confortablement servie peut-être que celle de votre famille, mais saine et abondante. — Il me semble que vous n'aurez pas le droit de vous trouver très-malheureux...

« M. Génin se tut. — Je l'avais écouté avec une stupeur croissante. — Quand il eut achevé son petit discours, la colère remplaça chez moi l'étonnement. — Je me sentis la force de tout braver, et je dis avec énergie, en m'adressant tout à la fois à mon père et au directeur de la maison :

« — Si vous avez cru que je me soumettrais comme un enfant, vous vous êtes complètement trompés!... — Je ne resterai point ici!...

« — Et pourquoi cela? — me demanda M. Génin avec son éternel sourire.

« — Parce que je ne le veux pas!!

« — Reste à savoir si c'est votre volonté qui prévaudra, mon jeune ami.

« — Auriez-vous la prétention d'employer la force vis-à-vis de moi...

« — S'il le fallait, pourquoi donc pas? — J'espère cependant que vous ne nous contraindrez point à recourir à de si pénibles extrémités...

« — Vous n'avez pas le droit de me retenir prisonnier...

« — C'est ce qui vous trompe, monsieur, — me dit sèchement mon père. — Le droit que vous contestez m'appartient, et, par conséquent, il appartient de même à qui je le transmets... — Et vous devriez me remercier de vous donner une prison si douce, quand je pouvais vous en infliger une si sévère...

« En même temps, il mit sous mes yeux un papier déployé qui n'était autre chose qu'un ordre d'arrestation parfaitement en règle, délivré à la requête de mon père, en vertu de l'article 377 du code Napoléon!! — Quand je vous disais, mon cher Georges, que le Code était à refaire!!...

« — Eh bien! mon jeune ami, — me dit alors M. Génin, — vous voyez que nous avons pour nous la loi et la force pour nous.., — Soumettez-vous donc, comme un aimable garçon, à ce que vous ne pouvez pas empêcher... et songez qu'il dépendra de vous d'abréger la petite séquestration qu'on juge indispensable dans votre propre intérêt,..

« J'étais atterré!! stupéfié!! — le sentiment de ma faiblesse et de mon impuissance m'anéantissait! — En même temps je comprenais la nécessité de ne rien laisser transpirer au dehors de la fureur qui bouillonnait au dedans de moi. — De seconde en seconde je me répétais : *Où donc sont-ils, les imbéciles qui se figurent qu'on a démoli la Bastille et supprimé les lettres de cachet?*

« Mon père profita, pour disparaître, de l'état de prostration complète dans lequel je paraissais plongé. — Quand je levai la tête, j'étais seul avec M. Génin, qui continuait à me sourire avec une affabilité croissante, et qui me dit d'un ton moelleux :

« — Eh bien! mon jeune ami, il me paraît que vous voilà redevenu raisonnable tout à fait... — C'est le meilleur parti à prendre, voyez-vous... — d'ailleurs, vous n'êtes véritablement pas très à plaindre... — Venez visiter votre chambre, je suis sûr que vous en serez content...

« Ce qu'il appelait chambre, je l'appellerai, moi, *cabanon!*

« — C'était une cellule assez proprement meublée, mais sans la moindre trace de ce confort dont j'ai l'habitude. — Son unique fenêtre, garnie de gros barreaux, donnait sur des terrains vagues. — Dans le lointain on entrevoyait des moulins à vent.

« Je ne suis pas d'une nature hypocrite... — je me vante même assez volontiers de ce qu'on appelle vulgairement mes vices... — Cependant, une fois cloîtré, je me dis que je n'avais d'espoir que dans une immense hypocrisie. — N'ayant nulle envie de revenir à la vertu, il fallait tout au moins paraître converti. — C'était là l'unique moyen de reconquérir ma liberté; et j'avais d'autant plus soif de cette liberté que l'existence que je menais dans la maison de M. Génin était, sinon bien pénible, du moins assommante. — Jugez-en : — Le matin, aussitôt levé, messe dans la chapelle; — promenade solitaire dans un jardin deux fois grand comme cette salle à manger; — déjeuner au réfectoire, mais à la table du directeur, avec la joie de servir de point de mire aux regards curieux d'une soixantaine de gamins!!... — oisiveté ou lecture dans ma chambre, — défense de fumer; — repromenade dans le jardin en question, assaisonnée cette fois d'un cours de morale formulé par M. Génin lui-même ou par l'un de ses suppléants. — Dîner dans les mêmes conditions que le déjeuner. — Soirée chez M. Génin, vis-à-vis de madame Génin, une vilaine petite femme de quarante à quarante-cinq ans, parlant à tout propos de sa tendresse *maternelle* pour les élèves de son mari... — A dix heures, coucher dans ma chambre fermée à clef en dehors!... — Voilà ma vie!! Il y avait là de quoi devenir fou trois cent soixante-cinq fois par an !!

« Je pris donc le parti de jouer, avec une infatigable patience, la comédie de la conversion. — J'édifiai tout le monde par ma bonne tenue à la chapelle. — J'émaillai mes dialogues avec le Génin ou ses aides, de toutes sortes d'axiomes tendant à prouver que je revenais aux bons principes et que les vertueuses semences jetées dans mon âme y fructifiaient étonnamment!! — je crois même, le diable m'emporte, que je vins à bout de verser quelques larmes sur mes fautes et sur mes erreurs!...

« Cette comédie, jouée avec une supériorité incontestable, ne rencontra pas d'incrédules. — M. Génin cria au miracle, — s'admira dans son œuvre, se déclara le plus grand moraliste du monde entier, et adressa à mon père de petits bulletins par lesquels il le mettait au courant des heureux et admirables changements si rapidement survenus.

« Un mois environ après mon entrée au *couvent*, on vint me prévenir que M. le général comte de Presles venait lui rendre visite à monsieur son fils. — Ceci me sembla d'heureux augure.

« Mon père m'attendait au parloir. — Il me tendit la main. — il me parla avec quelque bienveillance, il me témoigna sa satisfaction des renseignements favorables que lui transmettait M. Génin, et il me fit part officiellement d'une nouvelle qui me causa non moins d'étonnement que d'irritation, mais que je me vis forcé d'accueillir comme la chose du monde la plus simple et la plus naturelle!!...

« Savez-vous quelles circonstances monsieur mon père avait attendues pour m'accabler de ses rigueurs et pour m'enfermer comme le dernier des gredins?... — Non, et vous ne le devineriez jamais!!...

« Eh bien! il choisissait le moment où il avait envers moi les torts les plus graves! — où il me dépouillait d'une énorme portion de la fortune sur laquelle je devais naturellement et légitimement compter! — le moment, enfin, où ma mère allait lui donner un troisième héritier, à lui père d'une fille de dix-neuf ans et d'un fils de dix-sept!!...

— Comment! — s'écria Georges avec un étonnement facile à comprendre, — madame la comtesse de Presles?...

— Mon Dieu, oui! — répondit Gontran. — Il y a quelques mois, j'avais en expectative soixante mille livres de rente... — je n'en ai plus maintenant que quarante!! — Comme c'est gai!!

— Que Dieu soit béni! — pensa Georges, — la fortune de Diane diminue... — Qui sait si cet heureux malheur ne va pas la rapprocher de moi?...

— Je fis contre mauvaise fortune bon cœur ! — continua Gontran. — Je m'efforçai de paraître joyeux de cet accroissement de famille si peu prévu et si peu probable ; je parlai en des termes éloquents de mes admirables dispositions, et je sollicitai mon rappel sous le toit paternel...

« Après ce que mon père venait de m'apprendre, c'était bien le moins qu'il ne me refusât point, n'est-ce pas ? — Eh bien ! il fut inflexible. — Il me répondit qu'il croyait à la sincérité de mes louables résolutions, mais qu'il fallait laisser consolider dans mon esprit et dans mon cœur les racines de l'arbre du bien, et ne point exposer à des dangers nouveaux mes vertus de fraîche date... — Bref, il me prêcha fort longuement et avec beaucoup d'éloquence, et la conclusion de son discours fut que j'étais le mieux du monde chez M. Génin et qu'il fallait prendre mon parti d'y rester indéfiniment.

« Ceci était un peu trop fort !! — Comment, je m'étais donné la peine de jouer la plus ennuyeuse des comédies, et je n'allais pas en recueillir les fruits ! — A quoi donc m'auraient servi tant de courage et de persévérance ?

« Je gardai le silence modestement et je parus doux et résigné comme un jeune agneau, mais en moi-même je m'écriai :

« — Oh ! que nenni, monsieur mon père !! — vous ne me garderez point en cage aussi longtemps que vous vous l'imaginez !!...

VIII

Les projets de Gontran.

— Mon plan fut promptement combiné, — poursuivit Gontran. — Il était d'une simplicité toute primitive. — Ce sont ceux-là qui réussissent. — Escalader les murs ? — il n'y fallait pas songer. — Corrompre le portier ? — je courais le risque de me voir dénoncer au moment de ma première tentative...

« Je fis mieux. — Je me plaignis un beau matin de douleurs sourdes dans tout le corps, — de courbatures, de crampes, etc. — M. Génin fit appeler immédiatement le médecin de la maison. — Je n'eus pas la moindre peine à faire comprendre à cet honorable docteur que mes souffrances provenaient du manque d'exercice. — Il m'ordonna de longues courses.

« Dès le lendemain, M. Génin comprenant à merveille combien il importait de ne point laisser périr en sa fleur le dernier rejeton de la race des comtes de Presles, me faisait monter dans un fiacre qui nous menait au bois de Boulogne, et là il se livrait, en ma compagnie, aux charmes d'une promenade pédestre de près de deux heures. — Je déclarai, le soir même, que je me trouvais infiniment mieux. — Les jours suivants, le même régime continua. — J'attendais une occasion favorable de reconquérir ma liberté. — Elle ne pouvait tarder à naître, car le brave Génin était sans défiance. — Pendant notre quatrième promenade, je profitai d'un embarras de voitures dans l'une des avenues. — Je me glissai au beau milieu des chevaux qui se cabraient ; — je disparus dans un taillis, riant malgré moi de tout mon cœur, car j'entendais mon mentor crier d'une voix suppliante et désespérée :

— Monsieur Gontran ! monsieur Gontran, où allez-vous ?...

« Je sautai dans un cabriolet vide ; — je me fis conduire chez ma petite amie Formosa, et, pendant huit jours, je me dédommageai de mon mieux des rigueurs claustrales que je venais de subir...

« Cependant, la semaine de Saint-Germain et celle-là avaient mis ma bourse à sec d'une façon à peu près complète. — Le séjour de Paris n'était plus tenable. — J'envoyai Formosa retenir une place pour moi, sous un nom supposé, à la diligence de Marseille. — Je m'embarquais gaiement le soir même, — j'arrivais à Marseille avant-hier, — au château de Presles hier au soir. — Me voici chez vous ce matin... — Maintenant, mon ami Georges, vous connaissez mes aventures et mes infortunes depuis A jusqu'à Z, et vous pouvez, avec toute connaissance de cause, plaindre du plus profond de votre cœur la dernière victime de la dernière Bastille !... — J'ai dit !

Gontran se tut, et, pour rafraîchir son gosier fatigué par un long récit, il avala coup sur coup trois ou quatre verres de vin de Champagne, en murmurant :

— Ce bouzy œil-de-perdrix est décidément bien supérieur à l'*abondance* du père Génin !

Cependant Georges restait silencieux, son coude appuyé sur la table et son front posé sur sa main.

— Que diable avez-vous donc, mon bon ami ? — s'écria Gontran, — vous voilà sérieux et muet comme un juge qui rumine une condamnation capitale ! — Est-ce que, vous aussi, vous me considérez comme un chenapan bon à pendre et à ne pas dépendre ? — Allez-vous envoyer quérir la gendarmerie pour me faire reconduire, pieds et poings liés, de brigade en brigade, jusqu'à la geôle du père Génin ? — Voyons, à quoi pensez-vous ? — Etes-vous ami ou ennemi ? — désertez-vous le drapeau de la jeunesse ?... — Je veux savoir à quoi m'en tenir... — Arborez votre pavillon !

— Soyez tranquille, mon pauvre Gontran, — répondit Georges d'un ton sérieux, — je ne vous ferai point de morale. — Je sais à merveille que vous ne l'aimez pas et que d'ailleurs elle serait complètement inutile...

— Voilà qui est admirablement parler ! — interrompit le jeune garçon, — voyons la suite...

Georges reprit :

— Il m'est impossible de vous donner raison à propos de toutes les choses que vous venez de me raconter... Je n'approuve pas non plus entièrement le général...

— C'est bien heureux !

— Il voulait vous punir... — C'était son droit ; — mais peut-être a-t-il fait choix d'un genre de punition qui se trouvait en désaccord, sinon avec votre âge, du moins avec les habitudes qu'on vous a laissé prendre...

— La conclusion ?...

— C'est que je déplore de voir la mésintelligence se glisser par votre fait entre les membres d'une admirable famille comme la vôtre... — C'est que je suis plus désolé que je ne saurais vous le dire, quand je songe à la douleur de vos parents et à l'inquiétude mortelle qu'ils doivent éprouver en ce moment...

— Irrités, — oui, sans aucun doute, ils le sont ; — inquiets, pas le moins du monde... — Ils exigent que je me plie à toutes leurs volontés, à tous leurs caprices, mais ils sont trop indifférents à mon égard pour s'inquiéter de mon absence...

— Est-ce que, par hasard, vous prétendriez que vos parents ne vous aiment point ?...

— Oui, certes, je prétends cela.

— Mon cher Gontran, ne blasphémez pas ! — Je connais le général et madame votre mère, et vous ne viendriez jamais à bout de me faire douter de la tendresse infinie que l'un et l'autre ressentent pour vous...

— Mon ami Georges, gardez vos convictions... — je garde mes doutes. — Si vous étiez à ma place, vous auriez une manière de voir toute différente ; mais, *l'on n'est jamais bon juge dans la cause d'autrui...*

Georges ne put s'empêcher de sourire.

— Vous avez une manière à vous d'arranger *la sagesse des nations !* — dit-il ensuite.

— La sagesse des nations est comme le Code, au titre *de l'autorité paternelle* et à celui *des successions*, — elle a besoin d'être révisée.

— Oh ! je sais que, dans une discussion, vous aurez toujours le dernier.

— Sans doute, — parce que j'ai toujours raison...

— Enfin, laissons cela quant à présent, et parlons un peu de vos projets... — vous voici libre et loin de tous les vôtres, et, jusqu'à nouvel ordre, brouillé avec votre famille... — Que comptez-vous faire ?

— Tout, plutôt que de retomber sous un joug odieux...

— Le joug odieux du maître de pension de la rue Saint-Jacques, n'est-ce pas ?

— Précisément.

— Eh bien! pour éviter une extrémité qui vous paraît si dure, qu'avez-vous résolu?

— Faut-il vous parler franchement?...

— Cette question m'étonne, car je croyais que vous me regardiez comme un ami et comme un ami dévoué...

— Enfin, vous ne me trahirez pas?

— Je vous en donne ma parole d'honneur!

— Alors j'ai confiance, et je vais vous dire la vérité la plus vraie... — J'ai dix-sept ans passés; — la loi me donne le droit, quand j'aurai atteint ma dix-huitième année, de contracter un engagement militaire, même sans le consentement de mon père... — Je compte donc, mon ami Georges, vous emprunter deux ou trois mille francs, et m'en aller en Italie où j'attendrai que le moment de me faire soldat soit venu...
— Que dites-vous de ce projet?

— Je dis que vous me mettez dans une position horriblement embarrassante...

— En quoi?

— En me priant de vous venir en aide dans un cas de rébellion absolue contre votre famille...

— Est-ce pour ne pas me prêter d'argent que vous me dites cela?... — demanda Gontran avec une nuance très-visible d'impertinence.

Georges haussa les épaules.

— Mon pauvre enfant, — dit-il ensuite, — vous me faites beaucoup de peine! — Comment, vous allez chercher sous mes paroles une misérable question d'argent, quand je donnerais de si grand cœur, non pas mille écus, mais dix mille francs, mais vingt mille francs, mais une somme plus forte encore, pour que rien de ce que vous venez de me raconter ne fût arrivé! — Vous savez bien que je suis riche et que je ne suis pas avare... — Comment ne comprenez-vous pas que, si je vous prête ce que vous me demandez et si votre père vient à l'apprendre, il me considérera, non sans raison, comme le complice de vos résistances à ses volontés et il ne me pardonnera de sa vie!... — Voyons, Gontran, je fais un appel à votre cœur et à votre bon sens... — Suis-je dans le vrai?...

Ne sachant que répondre, le jeune garçon ne répondit pas et se contenta de détourner la question.

— Enfin, — demanda-t-il, — que voulez-vous donc que je fasse?... — Aussi certainement que je me nomme Gontran de Presles, j'aimerais mieux me faire sauter la cervelle que de retourner à Paris pour m'y voir enfermé de nouveau, comme un oiseau qui mue, dans une cage odieuse et ridicule!...

Le frère de Diane parlait avec une détermination effrayante.

— Évidemment ce mauvais garçon était capable de tout, même d'un coup de tête irréparable, — Georges le comprit.

— Voyons, mon enfant, — dit-il, — avez-vous confiance en moi tout à fait?

— Eh bien! oui.

— Voulez-vous me remettre vos pleins pouvoirs et m'accepter pour médiateur entre votre père et vous?... — Voulez-vous me charger d'arranger la grosse affaire qui vous préoccupe et d'opérer une prompte et complète réconciliation?...

— Croyez-vous pouvoir en venir à bout?...

— Je l'espère.

— Et ma dignité ne sera point compromise?

Georges se sentit une folle envie de rire au nez de ce jeune drôle qui parlait de sa dignité. — Mais il se contint et il répondit:

— Elle ne sera compromise en aucune façon.

— On ne me fera pas revenir à Paris?

— Je vous le promets.

— Pendant que dureront les négociations, que ferai-je?

— Vous demeurerez ici, avec moi.

— Et, si vous échouez?... si monsieur mon père ne veut entendre à rien et me donnerez les moyens de réaliser mon projet et de m'en aller en Italie?

— Oui.

— Bien vrai?

— Mon cher Gontran, souvenez-vous de ceci: c'est que ma simple parole vaut mieux que le serment de beaucoup de gens...

— Très-bien, mais d'ici là, moi, je ne peux pas rester absolument sans argent... — fit le jeune garçon dont le gousset avait horreur du vide.

— Je vous prêterai mille francs, — mais à une condition...

— Laquelle?

— C'est que le général n'en saura jamais rien.

— Ah! — s'écria Gontran en riant, — voilà une condition qui me plaît et que j'accepte de tout mon cœur!...

— Alors, nous sommes d'accord?

— Oui.

— Sur tous les points?

— Oui.

— Touchez donc là, et comptez sur moi...

Gontran étendit sa main et la plaça dans la main que Georges lui tendait.

— Puisque vous êtes décidément un aimable garçon, — dit-il ensuite, — je ne sais pas pourquoi je ne vous dirais pas tout de suite une chose qui va vous rendre l'homme du monde le plus heureux...

— Et cette chose? — demanda Georges avec une émotion et un trouble instinctifs.

— C'est que je connais une jolie fille que vous connaissez bien aussi, qui s'appelle Diane de Presles, et qui ressent pour un certain Georges Herbert un sentiment qui n'a rien de commun avec l'indifférence.

— Que dites-vous?... — murmura Georges, — que dites-vous, Gontran?... votre sœur?...

— Eh bien! quoi, ma sœur?... ma sœur est une fille d'Ève comme les autres, — elle a un cœur, c'est pour s'en servir... — Vous l'aimez et elle vous aime... — Que voyez-vous d'étonnant à cela?...

— Mais c'est impossible... oui, impossible... — balbutia le Provençal en proie à une sorte de délire, et n'osant ajouter foi à ce qu'il entendait.

— Ah çà! vous ne vous êtes donc jamais regardé? — répliqua Gontran, — vous êtes très-bien, mon bon ami. — Si vous ne le saviez pas, je vous l'apprends... — Pourquoi ne seriez-vous point aimé?... — Enfin, si vous tenez à ne pas me croire, ne croyez pas, quoique je ne vous aie dit que l'exacte vérité...

— Mais, qui vous fait supposer?...

— Tout!... — Je me connais en amour, allez, mon ami Georges, aussi bien qu'un médecin se connaît en fièvre... — Il existe des symptômes caractéristiques qui ne sont jamais trompeurs... — Eh bien! les symptômes, grands et petits, ma sœur les réunit tous, et d'une façon si manifeste qu'ils sauteraient aux yeux du moins clairvoyant... — Aussitôt qu'on s'occupe devant Diane de la Provence et des environs du château de Presles, elle trouve moyen de diriger la conversation de telle sorte qu'il soit forcément question de vous... — Dès que votre nom est prononcé, elle change de figure et devient, dans la même seconde, rouge comme une grenade et pâle comme un lis... — Quand elle parle de vous à ma mère, sa voix prend une intonation d'une douceur infinie, et son regard se charge de langueur... — Un jour enfin, tout au commencement de notre installation rue de Chaillot, je suis entré brusquement dans la chambre où elle dessinait. — D'une main rapide elle a tourné les feuillets de son album, de façon à me cacher son travail commencé... c'était le meilleur moyen de me donner envie de le voir... — Deux heures après, pendant que Diane faisait une lecture à ma mère, je suis revenu dans la chambre et j'ai feuilleté l'album... — Devinez ce que j'ai vu...

— Comment le saurais-je? — demanda Georges, tellement ému que ses mains et ses lèvres tremblaient.

— Je ne veux pas vous faire languir... — continua Gontran, — aussi bien, vous n'oseriez jamais deviner... — Mon bon ami, j'ai vu votre portrait, dessiné de mémoire et miraculeusement ressemblant... — Qu'en pensez-vous?... — Est-ce une preuve irrécusable, celle-là, et direz-vous encore que ma sœur ne vous aime pas?...

— Non, — s'écria Georges, — non, je ne doute plus!... je ne veux plus douter!... — Ah! Gontran, cher Gontran, que vous me rendez heureux!...

— Si vous avez envie d'embrasser Diane en effigie sur la joue, allez, ne vous gênez en aucune façon... — Il y a deux heures, quand je descendais de cheval à votre porte, je me suis parfaitement aperçu, croyez-le bien, que vos baisers ne s'adressaient pas à moi...

Au bout d'un instant, Georges reprit :

— Être aimé, c'est beaucoup, mais ce n'est pas assez... — Croyez-vous que je puisse espérer?... croyez-vous que le général et madame votre mère consentiront...

— A vous voir devenir le mari de Diane? — acheva Gontran.

— C'est ce que j'allais vous demander...

— Ça ne fait pas pour moi l'ombre d'un doute... — Cependant, au point de vue du monde, une semblable union peut presque passer pour une mésalliance... — Songez que je ne suis pas gentilhomme...

— C'est un détail sans importance... — Peut-être, tout d'abord, mes parents soulèveront-ils quelques petites difficultés... — et encore je n'en crois rien, — mais, dans tous les cas, ils céderont bien vite... — Est-ce qu'une fille amoureuse n'en arrive pas toujours à ses fins, avec un peu de persévérance... — D'ailleurs mon père vous aime beaucoup, et ma mère professe à votre endroit une estime toute particulière, — et puis, vous avez une fortune qui lève bien des obstacles!... — Enfin, mon bon ami Georges, c'est à vous que Diane appartiendra et point à un autre, je vous en donne ma parole!... — Vous êtes un beau-frère selon mon cœur,... — vous ne me ferez jamais de morale et vous me prêterez de l'argent!... — Je veux, avant six mois, danser aux fêtes de votre mariage!... — Voilà qui est bien entendu et parfaitement convenu, — tenez-vous le pour dit, et ne vous en préoccupez pas davantage!... — C'est ce mauvais sujet de Gontran qui sera le parrain de son premier neveu et de votre premier enfant!... — A la santé de mon filleul !

Et Gontran, saisissant une bouteille de vin de Champagne encore vierge, versa la moitié de son contenu dans un bol de porcelaine du Japon, et vida ce bol d'un seul trait.

IX

Correspondance.

— Ainsi donc, mon ami Georges, — dit tout à coup le jeune garçon, — il est convenu que je suis votre hôte et votre commensal jusqu'à nouvel ordre?...

— C'est parfaitement convenu.

— Êtes-vous bien sûr que je ne vous gênerai pas?...

— Eh! mon cher enfant, vous en êtes aussi sûr que moi-même !!

— C'est que, voyez-vous, en ma qualité de futur beau-frère, je compte me mettre fort à mon aise...

— Vous êtes ici chez vous, et tout ce qui m'appartient est à vous...

— Voilà une bonne parole! — Croiriez-vous que dans aucune circonstance monsieur mon père n'a eu l'idée de m'en dire autant...

Georges sourit.

— Il n'avait pas besoin de vous le dire, — la chose allait de soi...

— Je ne m'en suis jamais aperçu! — répliqua Gontran.

Et, sans transition, il ajouta :

— Voulez-vous me faire seller un cheval?...

— Vous sortez?

— Oui, — je vais aller faire une petite promenade à Toulon...

— Pas de légèretés, n'est-ce pas?...

— Oh! soyez tranquille... — Du moment que je me place volontairement sous votre tutelle, je serai sage comme un ange... — Je tiens à vous faire honneur... — A propos, mon ami Georges, vous m'avez promis cinquante louis...

— Je vais vous les donner. — Venez dans ma chambre...

Cinq minutes après, Gontran se mettait en selle sur l'un des chevaux de Georges. — Au moment de partir, il demanda :

— A quelle heure dîne-t-on ici?...

— A six heures. — Cela vous convient-il?

— Parfaitement. — Je serai exact. — Pensez donc, je vous en prie, à donner l'ordre de placer une ou deux bouteilles de Porto dans de l'eau légèrement tiédie, cinq minutes avant le dîner...

— Je vous promets d'y penser...

— Et faites porter une boîte de cigares dans la chambre que vous me donnez...

— Ce sera fait.

— Au revoir, mon bon ami Georges... — Vous êtes le vrai modèle des vrais amis!! — Oreste, Damon et Castor n'étaient auprès de vous que bien peu de chose.... — Aussi, je serai pour vous Pylade, Pythias et Pollux!...

Et Gontran partit au galop.

Georges, resté seul, s'enferma dans son cabinet de travail, s'assit devant son bureau et se mit à penser à la lettre qu'il allait écrire au comte de Presles.

Après une heure de profondes réflexions, il prit une plume et il traça rapidement le brouillon de sa lettre.

Ce brouillon achevé, il le relut, — raturant, — effaçant, modifiant, — ajoutant, jusqu'à ce qu'enfin il se trouvât complètement satisfait du fond et de la forme de son épître.

Alors il la recopia. — Il la mit sous enveloppe; — un domestique reçut l'ordre de monter à cheval et de courir à toute bride jusqu'à Toulon pour y jeter cette lettre à la poste, de façon à ce qu'elle partît par le courrier du soir.

En vertu de notre pouvoir discrétionnaire de romancier, nous allons violer le secret de cette correspondance, et mettre sous les yeux de nos lecteurs les choses que Georges Herbert jugeait convenable d'écrire au père de Diane et de Gontran.

« Monsieur le comte, cher et excellent voisin,

« Je n'ai pas besoin de chercher une excuse pour l'apparente indiscrétion avec laquelle cette lettre va vous relancer dans votre solitude parisienne... — L'excuse dont j'ai besoin est toute trouvée, c'est la bonne nouvelle que je vous envoie.

« Que madame la comtesse chasse bien loin d'elle les inquiétudes qui l'assiègent depuis tant de jours... — Que son cœur maternel cesse de trembler... — que ses yeux cessent de pleurer...

« Je ne viens point vous demander de tuer le veau gras pour le retour de l'enfant prodigue, mais je viens vous dire : — le fils coupable et cependant tendrement aimé n'est point perdu... — Gontran est en Provence, — il est au château de Presles, — ou plutôt il est chez moi, auprès de moi, et je vous promets de vous le bien garder...

« Le pauvre enfant m'a surpris il y a quelques heures par sa présence imprévue, qui, dans le premier moment, me faisait espérer votre retour à tous. — J'ai été bien vite et bien tristement détrompé, en apprenant que Gontran était seul, — en étant mis au fait, surtout, des affligeants détails de sa séparation d'avec vous...

« Gontran ne m'a rien caché. — Sa franchise absolue m'a paru l'heureux augure des nouvelles et sincères dispositions de son âme.

« J'ai vu des larmes dans ses yeux tandis qu'il me parlait... — oui, des larmes... — Ah! si, comme moi, vous aviez pu les voir perler au bord de sa paupière, vos bras, j'en suis certain, se seraient ouverts à l'instant pour lui...

« — Que vais-je devenir?... — murmurait-il, — jamais, non, jamais, je n'oserai me retrouver en face de mon père si justement irrité... — de ma mère, de ma bonne et excellente mère à laquelle j'ai fait tant de mal!... — J'expirerais à leurs pieds de honte et de remords !!...

« Dans le délire de sa douleur, il parlait de s'expatrier... — de s'engager comme mousse à bord d'un navire, ou comme simple soldat dans un régiment...

« — Au moins ainsi, — ajoutait-il, — j'expierai le passé... — Je pourrai redevenir digne du nom que je porte et de la famille que Dieu m'a donnée...

« Que pouvais-je faire en présence d'un chagrin si vrai, si

profond, si vivement senti ? — Rien autre chose que ce que j'ai fait... — J'ai calmé Gontran de mon mieux, je l'ai consolé, je l'ai rassuré... — Je lui ai parlé surtout de ces trésors d'indulgence et de tendresse, qui sont dans le cœur de tous les pères et de toutes les mères, et que les fautes des enfants, si nombreuses et si impardonnables qu'elles soient, ne parviennent jamais à épuiser complètement.

« J'en ai la conviction, général, — je dirai plus, j'en ai la certitude, la nature de Gontran est ardente, pleine de fougues irrésistibles et en même temps de déplorables faiblesses, mais elle n'est ni réellement mauvaise, ni véritablement pervertie...

« Je vous conjure donc, général, de vous départir une fois encore de la ligne d'inflexible sévérité dont les circonstances présentes sembleraient, je l'avoue, vous faire un devoir impérieux... — Espérez pour la dernière fois en l'avenir, — espérez, malgré toutes les déceptions qui doivent avoir tari dans votre âme la source de l'espérance ! — A des fautes, à des erreurs renouvelées sans cesse, opposez un pardon sans cesse renaissant... — Ecrasez l'enfant coupable sous la magnanimité de votre indulgence... — Que le passé soit comme s'il n'avait pas existé... — Que rien d'amer ne vienne se dresser entre ce passé mauvais et l'avenir meilleur... — Essayez, général, essayez, je vous en supplie !...

« Je n'ai pas su résister aux larmes sympathiques de ce gracieux enfant qui ressemble tant à sa mère... — J'ai promis l'indulgence et l'oubli... — Je me suis engagé pour vous...

« Me démentirez-vous ?

« Je n'ai pas voulu que le pauvre Gontran retournât au château de Presles, où la solitude l'attendait. — Mon toit va devenir le sien. — Je me ferai pour lui un compagnon de tous les instants, une sorte de frère aîné, affectueux et bon conseiller... — Je sens d'ailleurs que je l'aime comme si véritablement il était mon frère... — Si vous le trouvez bon (et en le trouvant bon vous me rendrez bien heureux), Gontran et moi nous ne nous quitterons plus avant votre retour en Provence, quelle que soit d'ailleurs l'époque de ce retour.

« Songez, je vous en prie, qu'accueillir ma demande par un refus, serait me témoigner une méfiance que je ne croirais pas méritée...

« Ai-je besoin de vous dire, général, que j'attends votre réponse avec une ardente impatience. — Le jour où cette réponse arrivera, je ne sais pas si mon cœur battra moins fort que celui de Gontran.

« Daignez vous rendre, auprès de madame la comtesse de Presles et de mademoiselle Diane, l'interprète de mes sentiments de profond respect, et permettez-moi de croire, monsieur le comte et excellent voisin, que vous ne doutez pas de l'absolu dévoûment

« De votre très-affectionné et très-empressé serviteur,

« GEORGES HERBERT. »

§

A six heures moins quelques minutes, Gontran était de retour à la villa. — Son cheval tout blanc d'écume offrait la preuve manifeste qu'il arrivait de Toulon à franc-étrier.

— Mon bon ami Georges, — s'écria le jeune homme, — il vous faut absolument me savoir gré de ne vous point manquer de parole ! — Figurez-vous que c'était là-bas à qui me ferait fête, et que tout le monde voulait me garder à dîner... — J'ai décliné les plus joyeuses invitations parce que vous comptiez sur moi et que je ne voulais pas vous faire attendre !... — Vous voyez que je me range !...

— Je le vois, — je l'admire, — je vous en remercie, — et j'espère bien que cela continuera de même dans l'avenir...

— Rien ne vous empêche de l'espérer, mon ami Georges : *C'est la foi qui sauve !*

— Est-ce que je me trompe ?...

— Qui peut savoir ?... — Le mieux, voyez-vous, c'est de ne jamais s'occuper que d'aujourd'hui. — Demain arrive toujours assez vite...

Georges soupira, — les axiomes de Gontran l'épouvantaient.

Au bout d'un instant, il reprit :

— J'ai écrit à votre père...

— Ah! ah!... — s'écria l'adolescent, — vous avez écrit ! déjà ? — On peut dire que vous n'avez pas perdu de temps !...

— Il me semble que la chose n'était pas absolument pressée...

— J'ai cru le contraire...

— Est-ce que la lettre est partie ?...

— Oui.

— Ah ! diable !... c'est contrariant...

— Pourquoi ?

— J'aurais voulu la lire... — Il est vraisemblable que vous aurez *blagué* la brave homme avec un aplomb miraculeux, et, très-probablement, la chose m'aurait paru réjouissante.

— Moins que vous ne le pensez... — Je demandais au général de passer l'éponge sur vos torts et sur ses griefs, de ne conserver contre vous ni irritation, ni colère, — de pardonner enfin complètement, et à ce pardon de joindre l'oubli...

— Bon cela ! bon ! très-bien !... à merveille ! — Qu'est-ce que je demande, moi, mon Dieu ?... qu'il ne soit plus question de rien, qu'on ne m'en parle jamais, qu'on s'embrasse et que ça finisse... — Vous voyez que je suis facile à satisfaire !...

— N'y avait-il pas autre chose dans votre épître, mon ami Georges ?...

— Après avoir parlé du passé, je parlais de l'avenir...

— Avec force belles espérances, naturellement.

— Mon cher Gontran, j'ai répondu de vous sur l'honneur...

— Et vous avez, mordieu, bien fait ! — s'écria le jeune garçon.

Dans ces paroles, Georges crut voir un élan de l'âme, une étincelle jaillissant des cendres du cœur et annonçant que tout noble feu n'était pas encore absolument éteint dans ce cœur.

Il saisit les mains de Gontran, et il les serra dans les siennes, en disant :

— N'est-ce pas, mon enfant, n'est-ce pas que j'ai dit la vérité et que vous tiendrez mes promesses ?...

— Vous êtes magnifique dans ce rôle-là, mon bon ami ! — répliqua le frère de Diane, en riant à gorge déployée, — on jurerait que vous avez passé votre vie à faire un cours de morale à l'usage des petits garçons !... — Je vous disais que vous aviez bien fait de promettre, tout simplement parce qu'il est universellement reconnu que les promesses n'engagent en aucune façon celui qui les fait, et qu'elles sont agréables à ceux qui les reçoivent... — D'ailleurs, mon cher Georges, ce n'est pas la peine de me regarder de travers, — vous n'avez nullement menti... — En jurant sur l'honneur à mon père que je ne recommencerais point le passé, vous ne disiez que la vérité la plus littérale. — Il est clair comme le jour que je ne retournerai point passer une semaine à Saint-Germain avec ma petite amie Formosa... — Il est non moins clair que je ne m'échapperai désormais, en aucune façon, de la bastille du père Génin... — Vous voyez donc bien que nous avons raison tous les deux, et qu'en répondant à mon corps pour corps, la caution offerte par vous n'était point un acte imprudent... — Voyons, ami Georges, êtes-vous content ?

A deux reprises, le Provençal passa la main sur son front comme pour en écarter un nuage.

— Enfant terrible, — dit-il ensuite, — j'espère qu'un peu plus tard l'heure de la raison viendra... — Mais vous n'en êtes pas encore là...

Gontran fredonna :

S'il est un temps pour la folie,
Il est un temps pour la raison !...

— En attendant que ce temps arrive, — reprit Georges, — allons dîner !...

— Bravo ! — répliqua Gontran, — nous allons dire deux mots à votre vin de Porto ! — Voilà une conversation agréable, et, je crois, le diable m'emporte, que vous vous lasserez

plus vite d'un entretien avec ma petite sœur Diane, que moi d'un tête-à-tête avec ce joli vin!...

Deux heures après, — malgré la force exceptionnelle de son tempérament, — Gontran était complètement gris et il fallait le porter dans sa chambre, le déshabiller et l'étendre sur son lit, car son ivresse absolue ne lui permettait point de se rendre à lui-même le moindre service.

— Hélas ! — murmura Georges tristement, en regardant la figure du jeune garçon plus pâle que les oreillers sur lesquels elle était appuyée, — j'ai bien peur qu'en lui tout soit mort, le cœur et l'âme... et l'on ne guérit pas les cadavres !...

Dès le jour suivant Gontran reprenait son train de vie, prouvant ainsi combien peu il était possible de compter sur lui et de conserver à son endroit de décevantes illusions.

Toutes les liaisons basses et honteuses que nous avons entendu le général lui reprocher avec une si juste amertume le soir du bal funeste de la villa Salbert, s'étaient renouées dès la première heure de son retour à Toulon.

Les trois quarts de son temps se passèrent dans les estaminets et ailleurs encore, au sein de la plus exécrable compagnie qu'il fût possible d'imaginer.

Le troisième jour, il ne rentra pas dîner.

Le quatrième, il passa la nuit dehors.

Georges essaya de lui adresser quelques remontrances amicales et s'efforça de lui faire comprendre qu'ayant répondu de lui à son père, il se trouvait dans la nécessité de veiller sur lui.

Gontran accueillit ces paroles avec un sourire moqueur, et lui répondit :

— Mon bon ami, si vos principes ne vous permettent point d'offrir une hospitalité plus longue à un mauvais sujet comme moi, dites-le franchement, et, malgré tout mon regret de vous quitter, j'irai m'installer à Toulon et j'y resterai jusqu'au moment du retour de ma famille...

Georges ne pouvait consentir au départ du jeune garçon.

— Il courba la tête, il se tut et il laissa aller les choses, en se disant :

— Ah ! si je n'étais pas amoureux de Diane, comme je mettrais de bon cœur ce mauvais petit drôle à la porte !... — Pauvres parents ! que je les plains !...

Vers la fin de la semaine, une large enveloppe, portant le timbre de Paris et scellée aux armes de la maison de Presles, arrivait à la villa.

Nous avons reproduit la lettre de Georges, — nous devons reproduire également la réponse du général.

La voici :

« Mon jeune et bien cher ami,

« Merci d'abord, merci du plus profond de mon cœur, d'avoir calmé les inquiétudes dévorantes de madame de Presles et les miennes. — Depuis la fuite de ce malheureux enfant, nous vivions dans des angoisses continuelles... nous allions jusqu'à redouter le plus effroyable, le plus irréparable de tous les malheurs. — Grâce à Dieu et grâce à vous, nous ne craignons plus pour la vie de ce fils qui ne nous a causé jusqu'à présent que des douleurs, et que nous aimons cependant comme s'il méritait notre tendresse.

« De quelle façon vous exprimer jamais notre reconnaissance infinie de ce que vous faites en ce moment pour lui?... — Je dois y renoncer, car il est des sentiments dont le langage humain ne saurait peindre la profondeur et l'étendue...

« J'accepte, avec autant de joie que je puis en ressentir dans mon chagrin, l'asile que vous offrez au fugitif dans votre maison... — Oh! oui, faites-vous son compagnon, soyez son guide et son conseiller, et que Dieu permette qu'il vous écoute...

« Vous avez la conviction, me dites-vous, que la nature de Gontran n'est ni réellement mauvaise, ni véritablement pervertie, et vous pensez qu'il ne faut attribuer ses fautes et ses égarements qu'à l'exubérance de sa fougue juvénile...

« Je veux vous croire, mon ami, — une fois de plus je veux compter sur l'avenir, — je veux, une fois de plus, espérer contre toute espérance...

« J'accède sans réserve à votre demande. — J'efface le passé. — Je pardonne, — j'oublie. — Dites à l'enfant prodigue que la maison, le cœur et les bras de son père se rouvrent à la fois pour lui... — Il n'entendra pas même un reproche sortir de mes lèvres, puisqu'il ne restera point de rancune dans mon âme... — Le repentir, d'ailleurs, vaut plus encore que l'innocence, et puisque ce repentir est sincère les joies de l'avenir compenseront, et au centuple, les chagrins du passé.

« Madame de Presles partage ces espérances, et elle aussi n'oubliera jamais que c'est à vous qu'elle les doit...

« Il me serait impossible de préciser l'époque de notre retour en Provence. — La grossesse inattendue et inespérée dont vous avez eu sans doute la première nouvelle par Gontran, nous retiendra vraisemblablement ici plus longtemps que nous ne l'avions compté. — Nous ne quitterons Paris qu'après l'heureuse délivrance de madame de Presles.

« Je hâte de tous mes vœux le moment du retour, qui me procurera le double bonheur de retrouver un fils digne de mon affection, et de serrer les mains d'un ami dont le dévoûment se prouve par des actions et non par des paroles. — Vous le savez aussi bien que moi, ces amis-là sont rares...

« Madame de Presles et ma fille veulent que je vous reparle encore de leur reconnaissance, et vous prient d'embrasser pour elle leur fils et leur frère... — Embrassez-le pour son père aussi.

« Au revoir, mon jeune et bien cher ami... — Je voudrais pouvoir vous dire à bientôt...

« Vous connaissez les sentiments de haute estime et de vive et profonde affection, de votre vieil ami,

« *Comte Henry de Presles.* »

Georges lut à deux reprises cette lettre si simple, si noble, si profondément touchante.

Quand il eut achevé sa seconde lecture, il murmura de nouveau, avec une véritable douleur :

— Pauvres parents!... — que je vous plains!!

X

Un marché.

Les faits que nous venons de mettre sous les yeux de nos lecteurs dans le cours des chapitres précédents se passaient vers le milieu d'octobre 1830.

Les mois s'écoulèrent. — Gontran restait le commensal de la villa Herbert. — Il ne changeait rien à son genre de vie; — les trois quarts de son temps étaient consacrés à ses amis de Toulon, et Dieu sait s'il voyait mauvaise compagnie et s'il se plongeait à cœur-joie dans toutes sortes de honteux désordres!

Il considérait Georges bien moins comme son mentor que comme son banquier, et sans cesse il lui demandait de l'argent qu'il obtenait toujours. — Georges subvenait en gémissant à ces exigences insatiables. — Il le faisait, non point par faiblesse, mais parce qu'il comprenait bien que le jour où sa bourse se fermerait pour le jeune prodigue ce dernier s'adresserait à d'autres et contracterait des dettes effroyablement usuraires dont le général ne tarderait point à se voir instruit, et qui détruiraient les illusions que Georges avait fait naître, et que, dans sa correspondance, il s'efforçait d'entretenir.

M. de Presles écrivait de temps en temps et paraissait ne point douter du réel et solide retour de son fils à des principes sages et à une conduite régulière.

Vers la fin du mois de février 1831, il annonça l'heureux accouchement de madame de Presles, qui venait de mettre au monde une petite fille, laquelle, au baptême, avait reçu le doux nom de Blanche.

La lettre du général était étrange. — Elle ne respirait point cette joie vive et profonde qui ne manque jamais d'inonder le cœur des vieillards lors de la venue d'un enfant inespéré; — chaque ligne exprimait au contraire une tristesse immense et vainement cachée.

Georges s'étonna de cette tristesse, dont il chercha vainement les motifs. — Il finit par se dire que sans doute le général redoutait que Diane et Gontran n'acceptassent point sans déplaisir la naissance de cette tardive héritière qui, dans l'avenir, ébrécherait leur fortune en en prenant sa part...

De lui-même, Georges n'aurait jamais conçu cette odieuse pensée que son cœur généreux n'était guère apte à comprendre, — mais, ce hideux calcul d'héritage futur, Gontran l'avait fait devant lui... — Peut-être le général devinait-il ce qui se passait dans le cœur de son fils...

Georges accepta cette solution, faute d'une autre qui lui parût plus vraisemblable.

Le jour où la lettre dont nous venons de parler arriva, Gontran ne manqua point de manifester son irritation de la façon la plus énergique.

— On n'est pas volé de cette façon-là! — s'écria-t-il, — c'est tout bonnement une indignité!... — Pourquoi ne le dirais-je pas, puisque je le pense? — Je le crierais à mon père lui-même!...

Georges s'efforça de le calmer et de lui prouver à quel point sa colère était injuste et contre nature.

— Mon bon ami, — répondit Gontran, — au nom du diable, soyons logiques! — Écoutez-moi, et je vous défie de ne point être de mon avis... — Si un étranger s'introduisait dans la maison de mon père, forçait ses tiroirs et lui enlevait un million, j'aurais bien le droit de me plaindre et de crier tout du haut de ma tête, n'est-ce pas?

— Cela ne fait pas l'ombre d'un doute.

— Eh bien! cette enfant de malheur, cette petite fille détestée et maudite qui vient de naître et que je ne consentirai jamais à nommer ma sœur, est-elle donc pour moi autre chose qu'une étrangère, et, en venant m'enlever le tiers de ma fortune, que fait-elle, si ce n'est un vol? — Qu'avez-vous à répondre à cela?...

— Rien. — Que voulez-vous que je réponde à quelqu'un qui nie la famille et les liens du sang?

— Les liens du sang, mon ami Georges! — des phrases! des phrases, et rien de plus! — Ça vous est, pardieu, bien facile et bien commode à dire, — à vous qui êtes fils unique!— mais je voudrais voir la mine que vous feriez le jour où l'on viendrait vous dire qu'il vous tombe tout à coup du ciel un frère ou une sœur inconnus de vous jusqu'à présent...

— Ce jour-là, mon cher enfant, serait le plus beau de ma vie...

— Ou vous ne dites pas ce que vous pensez, ou vous êtes une exception dans l'ordre des créatures humaines!

— Je dis ce que je pense, et, par bonheur, l'exception c'est vous et non pas moi.

Des discussions de ce genre se renouvelaient à peu près quotidiennement. — On comprend que nous ne pouvons avoir l'intention de les enregistrer à l'avenir. — C'est bien assez, c'est peut-être trop, de les avoir reproduites une fois.

L'hiver tout entier passa.

Vers la fin du mois d'avril, le général annonça son retour pour le lendemain et indiqua l'heure de son arrivée.

Georges allait enfin revoir Diane! — L'ivresse débordante de son cœur rayonnait sur son visage et dans ses regards.

— Mon cher Gontran, — dit-il à l'enfant, — je sais combien peu vous écoutez mes conseils, et je sais aussi que le meilleur moyen de vous détourner d'une chose, c'est de vous engager à la faire... — Cependant, je vous en supplie, — je vous en supplie au nom de ma tendresse pour vous, au nom de l'affection qu'il est impossible que vous ne ressentiez pas pour moi, laissez croire à votre famille que je n'ai point menti en parlant du changement survenu dans vos idées et dans vos habitudes... — ne désabusez pas votre père, qui, ne pouvant comprendre ma faiblesse pour vous, me croirait votre complice... — Songez que j'avais répondu de vous, et qu'en sollicitant l'oubli et le pardon j'avais juré que je vous en croyais digne... — Songez enfin que vous m'étiez confié, et que le général avait le droit de compter sur ma promesse de veiller sur vous... — J'ai fait ce que j'ai pu, vous le savez, et ma conscience ne me reproche rien... — Mais mon impuissance était absolue, et c'est cette impuissance que je vous conjure de cacher...

— Mon ami Georges, — répondit le jeune garçon d'un air quelque peu ironique, — prenez donc l'habitude de rendre votre pensée clairement, nettement, sincèrement... — Je vais traduire en langue vulgaire le petit discours que je viens d'entendre. — Vous savez ce que vous avez dit; — voici ce que vous vouliez dire : — Mon ami Gontran, je suis, vous ne l'ignorez pas, fortement épris de mademoiselle votre sœur... — Je compte beaucoup, pour obtenir sa main, sur la reconnaissance qu'inspireront à monsieur votre père et madame votre mère les soins assidus, et couronnés d'un complet succès, qui vous ont ramené dans les sentiers fleuris de la vertu. — Si vous ne me venez point en aide par une tenue édifiante, — si l'on découvre que vous avez fait le diable à quatre tout cet hiver, et qu'au lieu de l'agneau que j'ai promis, c'est un louveteau que je vais rendre, adieu la reconnaissance, par conséquent, adieu le mariage!... — Est-ce bien cela, mon ami Georges, et suis-je un traducteur consciencieux et fidèle?

— Et quand cela serait? — demanda Georges avec un peu d'amertume, — auriez-vous donc le droit de me reprocher le sentiment dont vous parlez?...

— Oh! pas le moins du monde! — Je tenais seulement à constater la clairvoyance de mon esprit. — Maintenant que nous nous comprenons, peut-être allons-nous tomber d'accord... — cela ne dépendra que de vous...

— Je ne vous comprends pas...

— Soyez tranquille, je vais m'expliquer... — Que me demandez-vous? — de jouer un rôle, — le plus mauvais rôle du répertoire, — dans la plus ennuyeuse et la plus fatigante des comédies, celle du retour à la sagesse, de l'obéissance, enfin à toutes les vertus généralement quelconques... — Pour vous obliger, mon ami Georges, il n'est rien que je ne fasse, mais encore faut-il, si je me donne beaucoup de peine, que ce ne soit pas en pure perte... — Or, écoutez l'un des articles de ma confession : — Il y a deux mois et demi, à Toulon, j'ai joué, j'ai perdu, et, comme je n'avais point assez d'argent pour payer, j'ai fait à mes adversaires des billets à trois mois... — Vous comprenez à merveille que si, avant quinze jours, je n'ai pas retiré ces billets, on en viendra toucher le montant au château de Presles, on les présentera à monsieur mon père, et par ce fait seul toute notre comédie s'en ira à la dérive... — Mieux vaut ne pas la commencer, ce me semble, que de la voir crouler avec un si triste dénoûment... — La main sur la conscience, est-ce votre avis, mon ami Georges?...

Pendant quelques minutes le Provençal se promena de long en large dans la chambre, d'un pas rapide et saccadé.

— Les rides de son front, ses traits contractés violemment, exprimaient le dédain, ou plutôt le dégoût le plus absolu.

Gontran le suivait du coin de l'œil, en sifflottant du bout des lèvres.

Enfin Georges s'arrêta devant le jeune garçon, et, les bras croisés sur sa poitrine, il le regarda sans prononcer une parole.

Malgré son habituelle effronterie, Gontran ne put soutenir la fixité de ce regard.

— Mon bon ami, — demanda-t-il, — est-ce que par hasard la police vous aurait chargé de relever mon signalement?...

— Malheureux enfant! — se dit Georges à lui-même, — un jour, j'en ai bien peur, la police s'occupera de vous!...

Puis, tout haut, il demanda :

— Ainsi, vous avez souscrit des billets?

— Oui, mon ami Georges... — hélas! oui...

— Ces billets sont payables dans quinze jours?

— Il me semble que je viens de vous le dire...

— Quelle somme représentent-ils?

— Qu'est-ce que ça vous fait?...

Georges fronça de nouveau le sourcil et répéta :

— Quelle somme représentent-ils?

— Oh! une bagatelle...

— Le chiffre?...

— Est-ce que vous tenez beaucoup à le savoir?

— Beaucoup.

— Auriez-vous par hasard, mon bon ami, l'intention gracieuse de me prêter l'argent nécessaire pour les payer avant l'échéance?...

— Peut-être.

— Ah! voilà qui serait charmant!

— Le chiffre? — fit Georges pour la seconde fois.

— Cinq mille francs, — répondit carrément le jeune garçon, avec un aussi parfait aplomb que s'il eût dit : cent sous...

Le Provençal recommença sa promenade au travers de la chambre, et un nouveau silence eut lieu. — Georges le rompit en venant se placer en face du jeune garçon, comme il l'avait fait un instant auparavant.

— Gontran, — lui dit-il, — vous m'avez donné tout à l'heure un exemple salutaire et que je vais suivre... — Vous m'avez prouvé qu'il fallait appeler les choses par leur nom et montrer ma pensée toute nue... — Vous aviez complètement raison, et vous verrez que moi, du moins, je profite de mon mieux des leçons que je reçois... — Je vais donc jouer avec vous cartes sur table...

— Vous ne sauriez me faire un plus grand plaisir, mon bon ami, — interrompit Gontran.

— Ainsi que vous l'avez dit fort bien, et pour vous emprunter vos expressions, — reprit Georges, — j'ai besoin de vous voir jouer un rôle dans une comédie. — C'est donc un marché qu'il s'agit de conclure entre nous... — Les acteurs n'ont pas l'habitude de monter gratuitement sur les planches... — je le comprends, et c'est justice... — Faisant un métier semblable au leur, vous devez être payé comme eux, et vous le serez...

Le nuage pourpre de l'orgueil blessé envahit le front de Gontran.

— Georges, — s'écria le jeune garçon, — prenez garde à ce que vous dites!! — Je peux vous passer beaucoup, mais cependant tout a des bornes!!!

— En auriez-vous assez, déjà, d'entendre appeler les choses par leur nom? — Cela m'étonnerait, puisque je ne fais que mettre en pratique vos propres conseils... — Pourquoi cette physionomie provocante et ces yeux étincelants? — Est-ce que vous allez me proposer un duel? — Allons, allons, calmez-vous!! — Vous êtes moins irrité que vous n'en avez l'air, et vous pouvez tout entendre puisque au bout de mes paroles il y a de l'argent...

Le Provençal venait de frapper si fort et si juste que Gontran baissa la tête sans répondre.

Georges continua :

— Ce que j'attends de vous, vous le savez aussi bien que moi... — Je n'ai point à vous détailler les nuances et les finesses d'un rôle dans lequel vous excellerez, pour peu que vous vouliez bien vous en donner la peine... — Au prix que j'y vais mettre, d'ailleurs, on est toujours certain de trouver des comédiens de premier ordre... — Donc, que vos parents soient heureux, puisqu'ils ne peuvent plus avoir, hélas, que l'illusion du bonheur, et dans quatorze jours, la veille de l'échéance des billets que vous avez souscrits, je vous remettrai les cinq mille francs dont vous avez besoin pour les payer...

L'éclair du triomphe étincela dans les yeux baissés de Gontran.

— Est-ce convenu? — demanda Georges, — et puis-je compter sur vous comme vous pouvez compter sur moi?

Le jeune garçon releva la tête.

— Mon bon ami. — fit-il d'un ton parfaitement dégagé, et comme s'il était question de la chose du monde la plus naturelle, — payer mes billets, c'est fort bien... — mais quand je les aurai payés, que me restera-t-il pour moi? — Allons, vous ajouterez bien à la somme promise un malheureux billet de mille francs?...

Une nouvelle contraction d'invincible dégoût souleva les coins de la bouche du Provençal. — Cependant il répondit avec calme :

— C'est bien ; vous aurez les six mille francs que vous demandez.

— Dans quatorze jours?

— Oui.

— Alors nous sommes parfaitement d'accord et vous serez content de moi... Touchez là, mon cher beau-frère...

Puis Gontran ajouta avec un cynisme qui grandissait en même temps qu'il marchait d'un pas plus hardi dans une route boueuse :

— Oh! soyez tranquille! — je ferai les choses en conscience, et vous en aurez pour votre argent... — Le général criera au miracle, ni plus ni moins que le bonhomme Génin, et madame ma mère versera des larmes de joie!! — Quant à ma petite sœur Diane, elle ne saurait manquer de vous embrasser par reconnaissance!... — Et tout cela pour six mille francs!... — Convenez que ce n'est pas cher!...

Georges quitta la chambre, à demi suffoqué par cette invraisemblable impudence.

— Allons, — pensa Gontran resté seul, — décidément, je suis très-fort!! — L'histoire des billets a passé comme une lettre à la poste!! — Heureusement qu'il n'a pas eu l'idée de les payer lui-même!! — Six mille francs, c'est une somme!! — Avec six mille francs dans ma poche, et avec l'esprit que j'ai, j'irai loin!!!...

XI

Le retour.

Le comte de Presles et sa famille devaient arriver à trois heures de l'après-midi.

Immédiatement après le déjeuner Georges et Gontran montèrent à cheval et se mirent en route pour aller au-devant des voyageurs. — Un splendide soleil brillait sur la nature rajeunie. — tout était lumière et parfums. — Les oiseaux chantaient le printemps, et la terre frémissait de joie et d'amour sous sa belle robe d'un vert d'émeraude.

A deux lieues et demie de l'autre côté de Toulon, Georges, dont le regard fouillait sans cesse l'horizon lointain, aperçut à une assez grande distance un petit nuage de poussière qui se rapprochait rapidement, et bientôt, au milieu de ce nuage, il fut possible de distinguer un cavalier courant à toute bride et éperonnant vigoureusement son bidet de poste.

Georges lui fit signe de s'arrêter.

— Ne seriez-vous pas, — lui demanda-t-il, — un courrier chargé de faire préparer les relais devant la voiture de M. le comte de Presles?...

— Oui, monsieur, et je n'ai guère qu'une demi-lieue d'avance sur cette voiture... — vous la croiserez dans dix minutes...

— C'est bien, mon ami, — répondit le Provençal, en mettant un louis dans la main de ce jeune homme qui venait de lui annoncer que Diane était proche. — Continuez votre chemin...

Le courrier salua très-bas et repartit ventre à terre.

— Allons, Gontran! — cria Georges, — en avant! en avant!!...

Les deux chevaux de pur sang bondirent et dévorèrent l'espace. — En cinq ou six minutes ils avaient atteint le sommet d'une montée excessivement rapide. — Au bas de la descente qui s'étendait devant eux arrivait une berline, emportée par quatre chevaux menant grand tapage de grelots. — Les postillons faisaient claquer leurs fouets avec l'énergie bruyante de gens à qui l'on paie doubles guides.

Le vigoureux attelage fut obligé de ralentir son élan pour gravir la pente ardue qui s'offrait à lui.

Au bout de quelques secondes Georges et Gontran étaient aux portières de la berline.

— Mais c'est lui!... c'est lui!... c'est mon fils!... — balbutia madame de Presles en se penchant au dehors pour saisir la main que Gontran lui tendait, et qu'il porta à ses lèvres avec une expression de tendresse admirablement jouée, tandis que Diane étouffait un faible cri en reconnaissant Georges Herbert, à qui le général disait avec une affectueuse cordialité :

— Eh bien! mon cher Georges, je m'attendais presque à cette gracieuse et charmante surprise...

— C'est que vous me connaissez bien, monsieur le comte, — répondit le jeune homme.

Tandis que s'échangeaient ces paroles confuses et que se croisaient ces questions sans nombre qui forment le fond du dialogue entre des gens longtemps séparés et qui se retrouvent, jetons un regard dans l'intérieur de la berline.

Madame de Presles et sa fille en occupaient le fond. — Sur le devant se tenait le général et une belle et fraîche jeune femme, que son haut bonnet à larges ailes de papillon désignait suffisamment comme une Normande, originaire du pays de Caux.

Cette paysanne berçait dans ses bras une délicieuse petite créature blanche et rose, soigneusement emmaillotée dans des flots de batiste et de dentelles, et profondément endormie.

C'était l'enfant de la comtesse, et nous n'avons pas besoin d'ajouter que la belle Cauchoise était sa nourrice.

Nos lecteurs ne peuvent avoir oublié tout à fait que nous leur avons présenté M. de Presles, le soir du bal de la villa Salbert, comme un grand et beau vieillard de soixante-cinq ans, d'une distinction exquise de visage et de tournure et d'une apparence tout à fait princière. — Nous leur avons dit que, malgré son âge, sa taille haute et mince restait droite et ferme, et son regard avait ces traits tout à la fois caractérisés et pleins de finesse, qui sont des signes à peu près irrécusables d'une race pure. — Nous avons ajouté que ses grands yeux d'un bleu pâle, doux et fiers en même temps, devaient comme ceux de l'aigle contempler le soleil en face, et que son regard ferme et loyal ne s'était baissé jamais devant un autre regard. — Enfin, et ceci terminait le portrait, nous constations que des cheveux d'une éclatante blancheur encadraient un front élevé, sillonné par de grandes rides et sur lequel semblait resplendir la majesté du commandement.

Depuis l'époque où nous tracions d'après nature ce croquis rapide, le général avait vieilli beaucoup. — Onze mois à peine s'étaient écoulés, et M. de Presles semblait avoir dix ans de plus.

La taille avait perdu sa souplesse, — les épaules se voûtaient, — le crâne s'était dégarni, — des rides innombrables, fines et serrées, rayaient de leur inextricable lacis le tissu amolli et décoloré des joues. — Enfin, symptôme plus affligeant et plus caractéristique, le regard ne retrouvait que par intermittences son éclat d'autrefois, — le reste du temps il restait vague, atone, indécis, et il effleurait tous les objets sans se reposer sur aucun.

Au premier coup d'œil Georges remarqua ces changements et il en éprouva non moins de douleur que d'inquiétude. — A coup sûr, le général avait beaucoup souffert, — les fautes de Gontran étaient-elles l'unique cause de ces souffrances?

Pas plus que Georges, nous ne saurions, quant à présent, répondre à cette question. — L'avenir, sans doute, se chargera de la résoudre en nous apprenant les secrets du passé.

Madame de Presles restait la même. — C'est à peine si la douleur avait çà et là posé son empreinte presque imperceptible sur ce beau visage de créole... — il aurait fallu la loupe d'une bien minutieuse observation pour remarquer autour des paupières un léger cercle de bistre, — une ride à peine indiquée aux angles de la bouche et sur un front de marbre blanc, — pour trouver enfin quelques fils d'argent mêlés aux spirales de sa brune et prodigieuse chevelure.

L'expression seule de son visage s'était modifiée. — Au lieu d'une mollesse voluptueuse, on lisait sur ses traits purs et corrects une sorte de découragement profond, de lassitude désespérée. — Qu'on nous passe une bizarre expression qui, mieux que toute autre, rend notre pensée, — le grand ressort de l'âme semblait s'être brisé chez madame de Presles.

Il ne nous reste plus à parler que de Diane, et, si nous avons gardé pour elle la dernière place, c'est que c'est elle surtout qu'il nous faut observer avec une curiosité pleine de trouble et d'émotion, et, disons-le aussi, pleine de respect...

La jeune fille n'avait rien perdu de sa splendide, de son incomparable beauté, elle était toujours, elle était plus que jamais la belle Provençale!!... Cependant ses joues avaient échangé leurs teintes rosées contre une pâleur mate et uniforme. — Un mélancolique sourire remplaçait le rire enfantin de ses lèvres. — Ses yeux se faisaient rêveurs et leurs regards n'avaient plus d'enjouement.

Ainsi transfigurée, Diane ressemblait moins à une vierge qu'à une jeune femme, qu'à une jeune mère... — Ce qui complétait cette ressemblance, c'était l'ardeur passionnée avec laquelle, par instants, elle saisissait la petite Blanche, l'appuyait contre son cœur et la couvrait de baisers.

Lorsqu'après ces étreintes muettes elle remettait l'enfant aux bras de sa nourrice, elle passait sa main sur ses yeux comme pour empêcher de couler des pleurs involontaires.

Après les premières paroles échangées, Georges regarda la petite fille dont les paupières se soulevaient, laissant voir des prunelles bleues, profondes et limpides.

— Ah! madame, — s'écria-t-il en s'adressant à la comtesse de Presles, — de quel précieux joyau vous venez d'enrichir votre écrin!! — Cette enfant sera belle comme sa mère et comme sa sœur!!

La comtesse s'efforça de sourire à Georges.

Diane devint si pâle que ses lèvres elles-mêmes se décolorèrent, et qu'on eût dit qu'elle allait mourir.

Heureusement pour elle, la berline un instant arrêtée se remettait en marche et Georges, obligé de s'occuper de son cheval qui bondissait, excité par le babillage des grelots, ne put remarquer l'étrange anéantissement de la jeune fille.

Deux heures environ après ce moment, la voiture et les cavaliers qui l'escortaient entraient au galop dans la cour du château de Presles, où tous les domestiques assemblés attendaient les maîtres absents depuis si longtemps.

Retenu par le général et par la comtesse, Georges dîna au château et n'en partit que bien avant dans la soirée.

Gontran, réinstallé sous le toit paternel, avait loyalement exécuté la première partie du programme dont la réalisation complète devait mettre six mille francs dans sa poche.

Un cœur de père ne demande qu'à espérer. — Le général, trouvant son fils si modeste, si doux, si complètement métamorphosé à son avantage, remerciait Georges du fond de son âme, et commençait à compter sur l'avenir...

§

Peu à peu, à mesure que passaient les jours, les visages se rasséranaient au château et perdaient cette expression profondément triste, si frappante au moment de l'arrivée.

Le frais coloris de la jeunesse et de la santé revenait aux joues de Diane, et l'on entendait, comme jadis, dans les longs corridors, les joyeuses modulations de sa voix fraîche et pure.

— Seulement, des tristesses soudaines et sans cause apparente ne manquaient jamais de reprendre la jeune fille quand elle se trouvait en présence de la petite Blanche, à laquelle elle témoignait cependant plus de tendresse que sa mère elle-même.

Gontran continuait à se conduire avec une apparente régularité, et le général murmurait en parlant de lui :

— J'avais désespéré trop vite... — Georges avait raison, — l'enfant ne péchait que par un excès de fougue et d'ardeur...
— Je me trompais en le jugeant sévèrement... — que Dieu en soit béni, — bon sang ne peut mentir !!...

Georges ne laissait point passer une journée sans venir au château. — Le comte l'accueillait véritablement comme un fils, et lui témoignait de toutes les façons le plaisir vif et sincère qu'il trouvait à le recevoir. — La moitié de la vie du jeune homme s'écoulait ainsi près de Diane, avec laquelle il faisait de la musique, ou qu'il accompagnait en même temps que le général dans ses longues promenades à cheval.

Les soirées rassemblaient Georges et la famille du général sous les marronniers séculaires du parc lorsque le temps le permettait, — dans un petit salon d'été quand la pluie, si rare en Provence, forçait à ne point quitter la maison.

Dans ces rapprochements continuels, il était impossible que l'amour de Georges pour Diane ne trouvât point cent moyens de se manifester discrètement. — Il était également impossible que Diane ne comprît pas le muet langage de son timide adorateur, et que le général et sa femme ne fussent point bien vite au courant de la situation. — Or, puisque, la connaissant, ils ne prenaient aucune mesure pour la faire cesser, c'est qu'ils l'approuvaient...

Voilà du moins ce que se disait Georges avec la logique des amoureux, et chaque jour il se sentait de plus en plus rempli d'espoir et de confiance en l'avenir.

Quant au sentiment que Diane éprouvait pour lui, le jeune homme, avec cette modestie qui est la compagne presque inséparable d'une passion profonde et sérieuse, — le jeune homme, disons-nous, n'osait le définir, malgré les assurances si précises et si positives de Gontran.

Sans doute, il ne doutait pas un instant de la sympathie et de l'affection de la belle Provençale... — Mais cette affection était-elle autre chose qu'une tendresse toute fraternelle ?... — Par moments il l'espérait, — puis, dans d'autres moments, sans raisons spécieuses, sans motifs réels, il se prenait à ne plus le croire.

Une circonstance toute fortuite vint enfin l'éclairer sur le véritable état du cœur de mademoiselle de Presles.

Un soir, après dîner, le général, — la comtesse, — Diane, — Gontran, qui par le plus grand hasard du monde ne se sentait point en disposition ce jour-là d'aller à Toulon, — et enfin Georges lui-même, étaient réunis dans le parc sous ces immenses marronniers dont nous parlions quelques lignes plus haut.

Nos cinq personnages venaient de s'asseoir sur des chaises rustiques, autour d'une table de pierre qui formait le centre d'une large place circulaire.

Madame de Presles donna l'ordre d'apporter des sorbets, des limonades glacées et du café frappé, — puis la conversation s'engagea et fit à vingt reprises le tour du petit cercle, en effleurant les sujets les plus variés.

Seulement, de temps en temps, revenait cette phrase invariable, prononcée tantôt par l'un, tantôt par l'autre de nos personnages :

— Mon Dieu, quelle soirée admirable !!...

— Elle me fait penser à la nuit la plus terrible de ma vie, — dit Georges tout à coup.
— De quelle nuit voulez-vous parler, mon ami ? — demanda le général.
— D'une nuit passée en Afrique...
— Vous êtes donc allé en Afrique ? — s'écria madame de Presles.
— Oui, madame.
— Et quand cela ?
— Il y a quelques mois, — très-peu de temps après la conquête d'Alger et après votre départ pour Paris.
— Et, — fit le comte, — quel motif vous attirait sur cette terre inhospitalière ?...
— J'allais faire une visite à un de mes amis, qui maintenant est notre voisin, le jeune baron de Labardès...
— N'est-ce pas lui qui vous sauva la vie, quand les forçats évadés vous ont attaqué, l'an passé ?...
— Précisément. — C'est lui encore qui fut mon compagnon dans cette nuit effroyablement dramatique dont je vous parlais, et que celle-ci me rappelle — (au drame près, bien entendu...) — La nature était calme comme en ce moment, — une brise rafraîchie et parfumée comme celle qui nous caresse, effleurait mon front, — la lune se levait, — seulement au lieu de sortir de la mer, elle surgissait, ainsi qu'un disque sanglant, derrière un pic rocheux de l'Atlas...
— De quel genre sont les aventures auxquelles vos souvenirs se rattachent ? — dit M. de Presles avec un accent de curiosité.
— Aventures de chasse, général.
— Est-il indiscret de vous demander un récit qui, j'en suis sûr, intéressera ces dames, non moins vivement qu'un vieux chasseur comme moi ?
— Ce n'est pas indiscret le moins du monde et je suis à vos ordres, — mais j'ai une crainte...
— Laquelle ?
— Celle d'être un conteur bien inhabile, et de ne pas savoir traduire par des phrases les écrasantes émotions que j'ai ressenties. — Et, franchement, si j'échoue et si ma narration vous semble pâle et sans valeur, ce sera dommage...
— Ne faites donc pas le modeste hors de propos, mon cher enfant ! — interrompit le général, — vous savez aussi bien que moi qu'un récit vrai, et simplement fait par celui qui en a été le héros, est beaucoup plus sûr de captiver ses auditeurs, que la narration la plus habile échappée de la plume d'un écrivain expérimenté !!...
— Vous le voulez, général, j'obéis.

Sans se faire prier davantage, Georges raconta cet épisode que nos lecteurs connaissent déjà.

A mesure que le jeune homme avançait dans ce récit, fait avec une éloquence naturelle et avec une verve fiévreuse, il dominait de plus en plus, et pour nous servir d'une énergique expression contemporaine, *il empoignait* son auditoire.

Quand il en arriva à cet endroit de la narration où il eut à montrer les Arabes, leurs longues carabines épaulées et prêtes à faire feu, explorant le champ de maïs et se dirigeant vers les buissons derrière lesquels il se cachait, un faible cri s'échappa des lèvres de Diane et sa tête s'inclina sur sa poitrine.

L'obscurité presque complète de la salle de verdure n'avait pas permis de remarquer sa croissante pâleur.

Comme la jeune fille ne relevait point sa tête, madame de Presles se pencha vers elle et lui demanda :

— Mon enfant, qu'as-tu donc ?

Diane ne répondit pas. — La comtesse se pencha plus encore, et à son tour poussa un cri...

La belle Provençale avait perdu connaissance.

On s'empressa autour d'elle, — on baigna ses tempes avec de l'eau glacée et son évanouissement ne tarda guère à se dissiper.

— Ah ! — balbutia-t-elle, au moment où elle revenait à elle-même. — Je suis folle... j'ai eu bien peur... il m'a semblé...

Elle n'ajouta plus un mot, mais elle en avait assez dit.

— Son émotion, — sa terreur, son évanouissement, étaient

significatifs autant que l'aveu le plus franchement explicite.

Les jeunes filles ont peu l'habitude de s'évanouir, à propos d'un danger couru par un indifférent, ou même par un ami qui n'est qu'un ami...

Georges était aimé !! — Il n'en douta plus... — il n'en pouvait plus douter.

— Demain, — se dit-il en reprenant le chemin de sa villa, — demain je parlerai au général... — demain mon sort sera décidé !...

XIII

La demande.

Donc, le lendemain, vers deux heures de l'après-midi, Georges se mit en route pour le château de Presles, parfaitement résolu à ne retarder sous aucun prétexte la démarche décisive de laquelle dépendait son avenir, et, croyait-il, son bonheur.

En homme bien élevé et de bonne compagnie qu'il était, le jeune Provençal voulait entourer de certaines formes extérieures pleines de convenance la démarche si grave et si importante qu'il allait tenter.

La manière toute affectueuse et pour ainsi dire paternelle avec laquelle l'accueillait le général lui permettait, dans l'habitude de la vie, d'agir avec un sans-façon qui cependant ne dépassait jamais certaines bornes. — Ainsi Georges pensait, et avec raison, ne point faire preuve d'une familiarité intempestive en se présentant devant la comtesse et devant sa fille avec le large chapeau de paille et le costume de coutil blanc que le soleil de la Provence rend si commodes et si précieux.

Ce jour-là au contraire, il adopta la tenue correcte et irréprochable d'un gentleman chargé d'une haute mission diplomatique. — De plus, au lieu d'arriver à cheval comme de coutume, il se fit mener dans une ravissante calèche découverte, attelée de quatre chevaux pur sang et conduite à la Daumont.

A mi-chemin, entre la bastide Herbert et le château de Presles, Georges rencontra Gontran qui se dirigeait au galop du côté de Toulon.

La voiture et le cavalier s'arrêtèrent en même temps.

— Comme vous voilà superbe, ami Georges !! — s'écria le jeune garçon, — où donc allez-vous ainsi ?...

— Je vais chez votre père, — répondit le jeune homme.

— Savez-vous bien que je vous aurais pris pour un ambassadeur courant conclure quelque traité de paix entre deux puissants États ?... — Pourquoi donc cet équipage de gala, ces postillons en tenue princière, et vous-même en habit de cérémonie ?...

— Pour faire honneur à votre maison... — répliqua Georges en souriant.

— Oh ! ce n'est pas la vraie raison... — fit Gontran en se penchant vers le Provençal, — et la vraie raison, je vais vous la dire : — vous allez, tout de ce pas, demander ma sœur en mariage... Je crois que j'ai deviné juste... hein ?... — Je vous donne mon consentement, et j'y joindrai ma bénédiction si ça peut vous faire le moindre plaisir !... — Au revoir, mon ami Georges, bonne chance, beau-frère !!...

Et le frère de Diane, remettant son cheval au galop, s'éloigna en riant aux éclats, tandis que la calèche poursuivait son chemin.

Le général se trouvait dans cette immense et magnifique bibliothèque que vous connaissons. — Au moment où le valet de chambre introduisait Georges Herbert auprès de lui, il se promenait de long en large, les bras croisés sur la poitrine, la tête penchée, et son regard offrait cette expression de morne tristesse que maintenant il ne quittait presque jamais.

En entendant nommer le visiteur, il marcha vivement à lui, les mains étendues pour serrer les siennes, — et son visage assombri devint pour un instant presque joyeux.

— Soyez le bien-venu, mon cher enfant, — dit-il, — vous êtes la personne du monde que je suis, maintenant et toujours, le plus joyeux de voir, et c'est bien naturel, car à ma tendresse pour vous se joignent, dans des proportions infinies, la reconnaissance et l'estime...

— Général, — balbutia Georges, — c'est aujourd'hui surtout que je me trouve bien heureux d'être accueilli par vous de cette façon et de vous entendre me parler en ces termes...

Le trouble de Georges, l'émotion avec laquelle furent prononcées les dernières paroles que nous venons de répéter, n'échappèrent point à M. de Presles.

Il attacha sur le jeune homme un regard chargé d'une curiosité bienveillante, et il lui demanda :

— Pourquoi donc aujourd'hui plus que de coutume, mon enfant ?...

— Ah ! c'est qu'aujourd'hui j'ai besoin d'être bien certain de votre affection, général, — bien certain surtout de votre estime, pour trouver en moi-même le courage d'aborder l'entretien que je viens avoir avec vous.

— Qu'avez-vous donc de si difficile à me dire ?

— J'ai une demande à vous adresser, monsieur le comte, — et votre réponse va me faire le plus heureux ou le plus désespéré des hommes...

— Vous devriez savoir, mon enfant, — répondit le général en souriant, — que si votre bonheur ne dépend que de moi, vous êtes à peu près certain d'être heureux...

— Oh ! monsieur le comte, — s'écria Georges, — avant de me donner un espoir peut-être insensé... attendez... attendez que j'aie parlé.

— Je vous écoute, — fit le vieillard, — et je serai bien surpris si les paroles que vous prononcerez modifient en quoi que ce soit la pensée que je viens d'émettre.

Le jeune homme se recueillit pendant quelques secondes, puis il commença :

— Vous me connaissez bien, général, — dit-il, — et vous me jugez favorablement, puisque votre sympathie et votre estime me sont acquises... — Permettez cependant que je vous occupe de moi un instant... — Vous comprendrez que je ne le ferai pas sans motifs... sans des motifs bien graves et bien impérieux... — Ma famille, vous le savez, est honorable et elle est honorée depuis des siècles, quoiqu'elle ne soit pas noble...

— Je vous arrête ici, — interrompit M. de Presles, — pour vous dire une fois pour toutes mon opinion sur votre famille et sur la noblesse en général, et cette opinion ne vous paraîtra point suspecte puisque je suis ce qu'on appelle un grand seigneur... D'abord, une bourgeoisie comme la vôtre, notable, presque illustre, ayant pris place dans l'histoire de la province à laquelle elle a rendu de signalés services, vaut tout autant, sinon beaucoup mieux, que les écussons pompeux et les quinze ou vingt quartiers authentiques et indiscutables de beaucoup de gens de ma connaissance... — J'ajouterai que, selon moi, au lieu de ces mots consacrés par l'usage : *Noble de nom et d'armes*, il faudrait dire : *Noble de nom et de cœur*... — Ces deux noblesses ne devraient point pouvoir exister l'une sans l'autre... — Qu'est-ce, je vous prie, qu'un blason, quand un grand cœur ne le soutient pas ?... — Cette noblesse du cœur et de l'âme, vous l'avez plus que personne... — Aussi, pour moi, je vous le jure sur l'honneur, vous êtes l'égal des plus hauts gentilshommes de France !...

Georges saisit la main du vieillard et l'appuya contre ses lèvres avec un respect passionné, tandis que des larmes d'attendrissement et d'enthousiasme venaient à ses yeux.

— Maintenant, — dit le comte de Presles, — maintenant que vous connaissez ma façon de voir, continuez, mon enfant...

Georges reprit :

— J'ai beau regarder en arrière, — dans mon passé, qui n'est pas bien long, je ne trouve rien dont je puisse rougir...

— Comme tout homme jeune et ardent, j'ai parfois écouté pendant quelques heures la voix de mes passions, mais je puis vous l'affirmer, monsieur le comte, je n'ai jamais attaché mon nom à un scandale... — Je suis riche, — j'ai plus de quatre-vingt mille livres de rentes. — Cette fortune s'augmenterait facilement et sans risques, et si je n'ai jamais tenté de la grossir, c'est que je la trouvais beaucoup plus que suffisante déjà... — Que vous dirai-je de mon caractère?... — Chacun se connaît mal, et la nature humaine n'est que trop disposée à se trouver parfaite. — Il me semble cependant que je suis doux et facile, que j'ai horreur de l'injustice et de la fausseté, que j'admire tout ce qui est grand et beau et que j'aime tout ce qui est bien... — Il me semble enfin — (et c'est à cela que j'en voulais venir) — il me semble que je pourrai rendre heureuse la femme qui daignera m'aimer...

Tandis que Georges murmurait cette dernière phrase, sa voix était devenue tremblante et presque indistincte.

— Oui, certes! — répliqua le comte, — oui, certes, elle sera heureuse, la femme qui vous aimera et que vous aimerez... je le sais... — je le sens... — j'en suis sûr...

— Eh bien! alors... alors... — murmura le jeune homme qui parlait comme on parle dans les rêves, et qui se sentait chanceler, — que me répondrez-vous donc quand vous apprendrez que celle que j'aime, c'est... c'est...

La force lui manqua pour achever.

— C'est Diane... — acheva M. de Presles simplement.

— Vous le saviez!... — s'écria Georges.

— Oui, certes, et depuis longtemps... Croyez-vous donc qu'un honnête amoureux comme vous ait l'habileté de cacher ce qu'il éprouve?

— Vous le saviez!... — répéta le Provençal éperdu de joie et d'espérance, — et cependant vous approuviez mes continuelles visites?...

— Sans doute, puisque j'approuvais vos vues...

Georges passa ses deux mains sur son front, ainsi que le font assez généralement au théâtre les acteurs dans les scènes où ils doivent simuler la folie naissante.

— Général, — dit-il ensuite avec un véritable délire, — j'ai peur de me tromper... — j'ai peur d'avoir mal entendu... — j'ai peur de faire un rêve... — Général, que dois-je comprendre?... que dois-je espérer?...

— Vous devez comprendre tout bonnement ce que je dis, mon enfant, car mes paroles n'ont point de sens caché, et, quant à vos espérances... eh! mon Dieu, je ne leur fixe pas de limites... — laissez-les s'envoler librement dans les champs de l'infini...

— Ainsi vous consentez?

— A vous nommer mon fils?... — Ah! de tout mon cœur, je vous le jure... — Le jour où vous seriez le mari de ma Diane bien aimée, l'un de mes plus chers espoirs se réaliserait, mais pour cela, mon consentement ne suffit pas...

— Il me faut, en outre, je le sais, celui de madame de Presles.

— Celui de la comtesse vous est assuré comme le mien...

— Général, je ne vous comprends plus... de quel consentement me parlez-vous alors?

— Du plus indispensable de tous... — de celui de Diane...

— Jamais et sous aucun prétexte, même pour assurer ce que je croirais être son bonheur, je ne ferais violence à sa liberté, — je ne chercherais même à l'influencer par des conseils qui, pour une fille comme elle et de la part d'un père, seraient presque des ordres... — Diane est libre, complètement libre... c'est d'elle-même qu'il faut obtenir... — voyez-la, parlez-lui... — Vous serez éloquent, puisque vous aimez... Je ne puis, moi, que vous répéter ce que je vous disais tout à l'heure : — je serai bien heureux si Diane vous accepte, et je fais des vœux pour cela... — Voyons, cher fils, interrogez-vous et répondez-moi... — Croyez-vous que Diane vous aime?...

— Je n'ose dire que je le crois, mais je l'espère de toute mon âme...

— Je l'espère aussi... — Madame de Presles et moi, nous avons cru voir dans l'évanouissement d'hier une preuve sans réplique d'une affection profonde et qui ressemble singulièrement à de l'amour... — Si nous, nous ne nous sommes point trompés, votre tâche sera bien facile...

— Mais si ce n'est qu'une illusion!... — murmura Georges avec effroi, — si je ne suis pas aimé!... si mademoiselle de Presles me repousse!... Que devenir, mon Dieu!... Quel réveil, après un tel rêve!... — Quel avenir pour mon cœur brisé?...

— Pas de découragement anticipé, — répliqua le général ; — les soldats sont vaincus d'avance, qui vont à la bataille avec la prévision d'une défaite!... Ayez du courage, mon enfant!... et je crois pouvoir ajouter : ayez aussi de l'espoir!...

— Ah! général, que Dieu vous entende!...

— Il m'entendra, car vous le méritez... — Voyons, tentez l'épreuve sur-le-champ...

— Ne vaudrait-il pas mieux remettre à demain?...

— Remettre? pourquoi?... Est-ce que vous avez besoin de préparer un discours?... — ou bien n'oseriez-vous point affronter les beaux yeux d'une jolie fille?... — Non, non, monsieur l'amoureux, pas de retards... — J'aime les situations franches... — J'aime surtout les positions emportées à la baïonnette!... — Vous verrez Diane sur-le-champ, — ajouta le général en riant, — sinon, je vous en préviens, je retire mon consentement... — Attendez-moi là, je vais savoir si ma fille est auprès de sa mère et je l'enverrai très-adroitement ici, de façon à vous ménager, par hasard, un tête-à-tête.

Le comte de Presles sortit de la bibliothèque, laissant Georges seul et plongé dans une extase céleste, mélangée de beaucoup d'inquiétude.

La porte de la bibliothèque s'ouvrit. — Georges eut dans les oreilles des bruissements bizarres ; — des feux follets bleuâtres passèrent devant ses yeux. — Mais il se remit aussitôt. — Ce n'était pas Diane qui entrait, c'était le général.

— Mon cher enfant, — dit ce dernier, — votre fiancée (je l'appelle ainsi pour vous donner du courage), votre fiancée, dis-je, est dans le parc... — Courez-y bien vite, cherchez-la, trouvez-la, expliquez-vous. — Moi aussi, je suis impatient de connaître les résultats de la démarche que vous allez faire... — j'ai hâte de savoir si je peux vous nommer : mon fils !...

Georges se dirigea vers la porte.

— Très-probablement, — reprit le Général, — vous trouverez Diane dans le petit pavillon que vous connaissez...

Diane passait souvent tout l'après-midi dans ce pavillon, tantôt travaillant à une aquarelle, — tantôt laissant ses doigts agiles courir sur les touches d'ivoire du piano et évoquer quelque fantasque mélodie, tantôt enfin, étendue à demi sur le divan, un livre à la main, lisant ou rêvant.

La jeune fille, — il nous semble que nous avons oublié de le dire, — dessinait et peignait avec un talent très-réel ; elle était admirablement douée pour la musique. — Sa voix pure et flexible offrait une étendue peu commune, et si, venue au monde dans une autre sphère, Diane avait voulu devenir une véritable artiste, elle aurait sans aucun doute conquis une belle place, non-seulement comme exécutante, mais encore comme compositeur...

Au moment où Georges franchissait les talus faiblement inclinés de la clairière en se dirigeant vers le pavillon, Diane, assise devant son piano, rêvait.

Georges n'avait plus à faire que deux ou trois pas pour atteindre le seuil.

Diane ne se doutait pas de sa présence, car le sable épais de l'allée étroite avait étouffé le bruit de sa marche. — Par l'entrebâillement de la porte le jeune homme pouvait la voir. Sa tête se penchait en arrière, — ses regards perdus dans l'espace offraient une indicible expression de rêverie douloureuse, — l'une de ses mains s'appuyait sur le clavier sonore, l'autre pendait inerte le long de sa robe blanche. — ses lèvres s'agitaient doucement, comme pour bégayer des paroles qui montaient de son cœur et que nul n'entendait.

Dans cette attitude abandonnée, Diane était belle et touchante comme la vivante statue de la résignation.

Georges frappa doucement à la porte.

La jeune fille tressaillit ainsi que tressaille quelqu'un qui s'éveille en sursaut et qui tombe du rêve dans la réalité. — ses yeux se tournèrent vers Georges, — un étonnement profond se peignit sur son visage, — elle se leva, en appuyant sans le savoir sa main droite sur son cœur, peut-être pour en comprimer les battements tumultueux et elle balbutia en s'efforçant de sourire :

— Comment, c'est vous, monsieur Georges... vous m'avez fait presque peur... je m'attendais si peu à vous voir... — est-ce mon père que vous cherchez?... — Il n'est pas ici... je ne l'ai pas vu... je suppose que vous le trouverez au château...

— Je quitte à l'instant le général, mademoiselle... — répondit le jeune homme avec un embarras presque aussi grand que celui de Diane, — et si je me suis permis de troubler votre solitude, c'est que lui-même m'envoie à vous...

— C'est mon père qui vous envoie... — répéta mademoiselle de Presles.

— Oui, mademoiselle...

— Vous avez donc quelque chose à me dire ?

— Georges fit un signe affirmatif.

— De sa part, ou de la vôtre ? — continua Diane.

— De la mienne... Mais avec son autorisation.

— Eh ! bien, parlez, monsieur... — murmura la jeune fille en appelant sur ses lèvres un nouveau sourire, aussi contraint que le premier. — Je ne serais pas femme, si je n'étais curieuse de savoir ce que vous avez à m'apprendre de mystérieux, car votre démarche me fait supposer qu'il s'agit d'un secret... — est-ce que je me trompe ?...

— Non, mademoiselle, vous ne vous trompez pas... — C'est bien un secret que je dois vous révéler, — le secret de mon cœur... — ajouta Georges d'une voix si basse, que Diane devina ces derniers mots plutôt qu'elle ne les entendit...

Depuis l'entrée du jeune homme dans le pavillon, mademoiselle de Presles était très-pâle. — Ses joues se colorèrent d'une pourpre brûlante.

Georges s'était trop avancé désormais pour reculer. — Il s'arma de tout son courage et, agissant à la manière de ces poltrons héroïques, qui, pour être bien sûrs de ne point reculer, se jettent tête baissée au plus fort du péril, il continua avec une exaltation passionnée :

— Je vous aime, mademoiselle... je vous aime d'un profond, d'un immense, d'un respectueux amour, qui remplit mon âme tout entière et qui ne finira qu'avec ma vie... — mes rêves d'avenir, mes espoirs de bonheur, la seule ambition de ma jeunesse, sont de vous voir accepter mon nom... — de vous voir me confier le soin de vous rendre heureuse... — Ces vœux ardents que j'ose vous exprimer, ces ambitieux désirs devenus le but unique de mon existence, votre famille les connaît et les approuve... — Votre père m'a dit qu'il consentirait avec joie à me nommer son fils, mais que vous dépendiez de vous seule, et que c'est de vous seule qu'il fallait vous obtenir.... — Voilà pourquoi je suis venu. — voilà pourquoi vous me voyez à vos genoux... — voilà pourquoi je m'adresse à vous comme on s'adresse à Dieu, et je vous demande si vous allez m'ouvrir le ciel d'une joie surhumaine, ou me précipiter dans les ténèbres d'un inguérissable désespoir...

Tandis que Georges formulait cette déclaration, Diane avait changé de visage et d'attitude à plus d'une reprise, et les émotions les plus puissantes et les plus diverses s'étaient tour à tour reflétées sur ses traits bouleversés.

Quand elle l'eût écouté jusqu'au bout, elle redevint calme, quoiqu'elle parût brisée par la violence même de ses sensations et que la pâleur de son visage pût lutter avec la blancheur de sa robe.

Elle étendit la main pour relever le jeune homme, qui véritablement avait mis un genou en terre devant elle, et qui sentit que cette main était glacée.

— M. Georges, — dit-elle, d'une voix qui voulait être ferme, mais qui tremblait en prononçant chaque mot, — je sais que vous êtes un bon et noble cœur... une âme droite et loyale... — je suis fière et reconnaissante que ce cœur et cette âme se soient donnés à moi... — je sais que vous rendrez heureuse celle à qui vous promettrez le bonheur. Je sais que votre amour ne manquera jamais à celle à qui vous jurerez de l'aimer toujours...

Diane s'arrêta pendant une seconde... — Georges profita de ce silence pour s'écrier :

— Mais celle-là c'est vous, mademoiselle, c'est vous seule !...

— Je le sais, — répondit Diane, — je le sais... je n'en doute pas... et pour cet amour, — continua-t-elle du ton d'une admirable simplicité, — mon cœur n'est point ingrat...

— Mon Dieu... — balbutia Georges, — mon Dieu... ai-je bien compris ?... vous m'aimez ?... est-ce là ce que vous me dites... Diane ? est-ce là ce que vous voulez dire ?...

— Oui, — fit la jeune fille, avec cette héroïque chasteté qui est la vraie pudeur et qui ne ressemble en rien, même de loin, aux odieuses simagrées de la pruderie, — oui, Georges, je vous aime.

— Vous m'aimez, — répéta le jeune homme saisi d'un soudain transport de délire, — vous m'aimez !... — Mais alors... alors... l'avenir est à nous... toutes les joies, tous les bonheurs... — Vous serez à moi pour toujours... à moi, ma femme bien-aimée... — Mon Dieu... se peut-il que sur la terre il existe un bonheur pareil au mien !...

— Oh ! si vous m'aimez comme vous le dites, répétez-moi que c'est vrai... répétez-moi que c'est possible...

Georges s'était agenouillé de nouveau devant la jeune fille, — il avait saisi ses mains et il les pressait contre ses lèvres avec une sorte de furie.

Diane, toute frémissante sous cette caresse, semblait au moment de défaillir ; — de seconde en seconde sa livide pâleur augmentait.

— Georges, — balbutia-t-elle d'une voix brisée par une éclatante émotion, — ah ! pourquoi ne m'avez-vous pas laissé continuer... — pourquoi ne m'avez-vous pas écoutée jusqu'au bout !... — Georges, votre joie me désespère, car il me faut lui porter un coup terrible... — Georges, devant Dieu qui m'entend, je vous jure que je vous aime de toute mon âme et que je ne vous aimerai jamais que vous...

Georges, le seul bonheur pour moi serait de vous donner ma vie... — et pourtant je ne serai jamais votre femme...

Non... jamais... jamais... jamais...

La voix de Diane se perdit dans un long sanglot.

Georges, qui croyait faire un songe en l'écoutant, la regardait maintenant avec épouvante et se demandait si quelque folie soudaine et funeste ne venait point de s'emparer d'elle.

La jeune fille se laissa couler sur le parquet, comme si ses jambes refusaient de supporter plus longtemps le poids de son corps.

Elle tomba agenouillée à côté du divan, dans les oreillers duquel elle plongea son visage, en pleurant et en gémissant convulsivement...

Et, à travers ses pleurs et ses sanglots, on entendit ses lèvres répéter encore et sans cesse ce mot terrible :

— Jamais... jamais... jamais...

Georges, debout auprès d'elle, cherchait dans le doute une ressource contre le désespoir qui l'envahissait.

Sans hésitation il récusait le témoignage de ses sens ; — il passait ses mains sur son front et il se disait :

— Rien de ce que je vois n'est vrai !... — rien de ce que j'entends n'est possible !... — Évidemment je rêve, et je vais m'éveiller !...

XIV

L'énigme du Sphynx.

Non, Georges ne rêvait pas !...

Il eut bientôt une preuve irrécusable de la réalité désolante de la scène à laquelle il assistait.

Peu à peu les sanglots de Diane diminuèrent, — ses gémissements s'affaiblirent et cessèrent enfin tout à fait... — ses forces, anéanties pendant un instant, lui revinrent... — Elle se souleva d'abord sur ses coudes, puis, appuyant l'une de ses mains aux oreillers du divan, elle se dressa et se tint debout et immobile en face de Georges, ses regards attachés sur ceux du jeune homme.

Dans les premiers paroxysmes de son désespoir inexpliqué, — dans les mouvements presque convulsifs de sa douleur, — Diane avait laissé tomber le peigne d'écaille blonde qui fixait sur sa tête les nattes épaisses de ses beaux cheveux. — Cette admirable chevelure, d'un châtain pâle à reflets dorés, ruisselait en désordre sur ses épaules et sur sa poitrine, encadrant son visage parmi ses masses veloutées. — Quelques larmes, les dernières, s'échappaient une à une de ses paupières rougies et roulaient sur ses joues blanches. — En ce moment

elle ressemblait à une jeune morte sortie pour une heure de son tombeau.

Les yeux de Georges se fixaient sur elle avec une inquiétude et avec un effroi manifestes. — L'état dans lequel se trouvait mademoiselle de Presles ne lui paraissait explicable que par une passagère atteinte de folie.

Diane comprit ce qui se passait dans l'esprit de Georges, et elle lui témoigna qu'elle le comprenait car elle répondit à sa pensée secrète :

— Non, monsieur... non, mon ami... — lui dit-elle d'une voix basse et lente, — non, je ne suis pas folle... — Pardonnez-moi de vous avoir rendu témoin d'une crise douloureuse que vous ne pouvez comprendre... — L'aveu de la tendre affection que vous avez pour moi... la demande que vous m'avez faite d'être votre femme, devaient me rendre heureuse... oh! bien heureuse... — Ils ont brisé mon cœur... — Ne m'interrogez point... il me serait impossible de vous répondre... — je ne le voudrais pas... je ne le pourrais pas... — Je vous ai dit que je vous aimais... je vous le répète, car cela est vrai... — Je vous ai dit que je ne vous appartiendrais jamais... — hélas! et cela aussi est vrai... — J'ajoute que ne pouvant être à vous je ne serai à personne... — Devant Dieu, je vous en fais le serment... — Maintenant, ayez pitié de moi... — je souffre... j'ai besoin d'être seule... — Quittez-moi donc, et quittez-moi sans amertume, car si vous êtes malheureux par moi, je vous jure que votre malheur ne saurait égaler le mien !...

— Diane, — s'écria Georges, — Diane, au nom du ciel, daignez m'écouter... daignez me répondre... — Que voulez-vous que je devienne avec cette horrible incertitude au fond de l'âme?... — Vous m'aimez, dites-vous... vous m'aimez et vous nous condamnez tous les deux à un supplice pire que la mort!... — Eh bien! s'il le faut, je serai calme... s'il le faut, je me soumettrai... mais que je sache au moins quelles raisons vous forcent à torturer mon cœur... ce cœur qui ne bat que pour vous ?... — Ma demande est juste, n'est-ce pas ?... — N'est-ce pas que vous n'allez point la repousser?... Le condamné qui va mourir connaît du moins son crime... — Traitez-moi comme un criminel... dites-moi ce que j'ai fait... vous me chasserez après... — Mais parlez d'abord... parlez !...

— Pour la seconde fois, — balbutia la jeune fille, — pour la seconde fois je vous conjure d'avoir pitié de moi... — Vous voyez bien que ma force est à bout... vous voyez bien que je chancelle et que je vais tomber à vos pieds... — Georges, si vous ne voulez pas que je meure, au nom de votre amour, n'insistez pas... laissez-moi...

Diane, en prononçant ces mots, ployait comme une fleur dont un vent d'orage a brisé la tige. — Sa voix s'éteignait, — ses prunelles noyées disparaissaient sous les paupières, ne laissant voir que le globe nacré de ses yeux.

Georges n'ajouta plus un mot.

Il s'inclina devant la jeune fille et se dirigea vers la porte du pavillon.

Au moment d'atteindre cette porte il se retourna.

Diane était tombée à genoux. — Ses lèvres s'agitaient comme pour une prière suprême.

Sans doute, en voyant le mouvement de Georges, elle crut

qu'il hésitait à s'éloigner. — Elle étendit vers lui ses deux mains, dans un geste suppliant rempli d'une muette et déchirante éloquence.

Le jeune homme comprit ce geste et s'enfuit.

Pendant plus d'une heure il erra parmi les détours du parc, sans savoir où il allait ; — sans chercher à s'orienter, — à demi fou, et, dans ce grand désastre de ses espérances, ne conservant pas même la faculté de penser.

Enfin, et par gradations insensibles, il revint à lui-même, — il recouvra le plein et entier usage de ses facultés passagèrement suspendues, — il repassa dans son esprit les plus minimes détails de l'incompréhensible scène dont il avait été l'un des acteurs, et les moindres paroles de Diane, et il s'efforça de trouver le sens de l'étrange énigme dont la solution intéressait à un si haut point son bonheur.

Inutiles efforts !! — L'insoluble problème défia toutes les tentatives de son intelligence en travail ! — Jamais le sphynx antique ne garda mieux ses terribles secrets !...

Convaincu de son impuissance, Georges quitta le banc de pierre sur lequel il s'était laissé tomber, et il se dirigea vers le château, d'un pas semblable à celui des somnambules qui marchent en dormant.

Le général et madame de Presles l'attendaient avec une vive impatience, et la longueur de son entrevue avec Diane leur semblait d'un heureux augure.

Un seul regard jeté sur son visage décomposé par de si foudroyantes émotions, anéantit leurs espérances.

— Mon Dieu ! — s'écria la comtesse, — que s'est-il donc passé ?..

— Madame, — répondit Georges, — vous voyez en ce moment un homme bien malheureux, et malheureux sans remède et sans espoir...

— Diane vous a dit qu'elle ne vous aimait pas !... — fit vivement le général.

— Hélas ! — murmura le jeune homme, — je voudrais qu'elle m'eût dit cela... — à force de tendresse et de dévouement on peut triompher de la froideur même... — Il n'est pas impossible d'éveiller une âme endormie et de faire naître à l'amour un cœur indifférent... — Mademoiselle de Presles m'a dit qu'elle m'aimait...

— Eh bien ? — demandèrent à la fois le général et la comtesse.

— Elle m'a dit qu'elle m'aimait, — répéta Georges, — mais elle a ajouté qu'elle ne serait jamais ma femme... — vous entendez, jamais !... — Jamais !!...

Madame de Presles interrogea d'une voix tremblante :

— Et ce refus désespérant, — fit-elle, — ce refus qui engage non-seulement le présent, mais l'avenir, sur quels motifs l'a-t-elle basé ?

— Ses motifs, madame ? oh ! si je les avais connus, du moins j'aurais pu les combattre !!... — mais rien... rien !... — Mademoiselle Diane m'a refusé toute explication... — j'ai prié... j'ai supplié... — Une statue de marbre aurait été touchée de mon désespoir et de mes instances !... — elle est restée inflexible et plus impénétrable que le marbre lui-même !...

— Tout ce que nous avons dit, elle et moi, dans cette triste entrevue, voulez-vous le savoir ?... écoutez-moi donc... je vais vous le répéter...

Georges raconta la scène du pavillon, telle que nous venons de la mettre sous les yeux de nos lecteurs.

Quand il eut achevé, madame de Presles murmura, mais si bas qu'il était impossible d'entendre ses paroles :

— Pauvre Diane !... — malheureuse enfant !... — elle expie bien durement un crime dont elle fut la victime et non pas la complice !...

— Eh bien ! — reprit Georges après un silence de quelques secondes. — Maintenant que vous savez tout, vous le voyez, je n'ai plus d'espoir...

La comtesse vint à lui et lui saisit les mains.

— Dieu m'est témoin, — lui dit-elle, — que je ne voudrais point entretenir dans votre cœur les dévorantes illusions qui déchirent et tuent en s'écroulant !... — et cependant, à vous, si digne d'être heureux, — à vous que je voudrais nommer mon fils, du fond du cœur je viens dire : — espérez !... espérez encore !!...

— Eh ! quoi, madame, — s'écria Georges soudain ranimé, — tout n'est donc pas fini ?... — tout espoir n'est donc pas perdu ?

— Non... — du moins je le crois...

— Mademoiselle de Presles reviendrait sur sa décision fatale !...

— Peut-être.

— Et ce miracle... — Car ce serait un miracle, à qui le devrais-je ?

— À moi... avec l'aide de Dieu...

— Oh ! madame, que Dieu vous permette de réussir... qu'il fasse que je sois votre fils, et jamais fils, je vous le jure, n'aura plus tendrement, plus profondément aimé sa mère.

— C'est parce que je sais ce que vaut votre cœur, mon cher enfant, que j'attache une telle importance à voir se réaliser vos désirs et les nôtres...

— Que dois-je faire ?

— Rien, quant à présent du moins... — Quittez le château, — retournez chez vous et attendez...

— Cette attente sera-t-elle bien longue ?...

— Je ne saurais vous le dire, mais je ne négligerai rien de ce qui dépendra de moi pour l'abréger...

— Ne pourrais-je venir demain ?...

— Non.

— Pourquoi ?

— Parce que votre absence est nécessaire pour bien donner à Diane le temps de la réflexion... — Je veux que cette chère enfant voie par elle-même à quel point vous lui manquez...

— Mais, — murmura Georges avec un tressaillement d'effroi, — si l'épreuve allait tourner contre moi ?... Si mademoiselle de Presles s'apercevait au contraire que mon absence la laisse indifférente ?...

Malgré la gravité de la situation, la comtesse ne put retenir un sourire.

— Rassurez-vous, — dit-elle, — lorsqu'un cœur comme celui de Diane s'est donné, c'est pour toujours... — La chère fille, ne vous voyant pas, n'en pensera que mieux à vous...

— C'est que, moi, j'ai tant besoin de la voir...

— Armez-vous de courage et de patience... — il le faut.

— Mais au moins, madame, daignez fixer une limite au délai probable du sacrifice immense que vous exigez de moi...

— Eh bien ! deux ou trois jours...

— Comme c'est long, mon Dieu !... trois jours !!...

— Il est possible que ce soit moins... — Je tâcherai d'abréger la rigoureuse et nécessaire épreuve. — Dans tous les cas, ne sortez point de chez vous, et ne venez ici que lorsque vous aurez reçu des instructions spéciales...

— Comment les recevrai-je ?

— Je vous écrirai un mot.

— Qui me l'apportera ?

— Gontran.

— Ah ! madame, vous êtes ma providence !...

— Attendez que j'aie réussi pour me bénir.

— Voilà une parole qui m'épouvante ! — Craignez-vous donc d'échouer ?

— Malheureusement je ne suis pas sûre du succès ; mais, une fois de plus, je vous répète ; espérez !!

Sur ce dernier mot consolant, Georges prit congé du général et de madame de Presle et regagna son élégante voiture qui, quelques minutes après, roulait sur la route de la villa, entraînée par le trot rapide et cadencé des quatre chevaux pur sang.

— Trois jours ! — se répétait le jeune homme chemin faisant ; — trois jours d'attente !... — Trois siècles d'incertitude et d'angoisses !! Vivrai-je jamais assez pour atteindre la dernière minute de cette heure !! — Oh ! Diane... Diane... que vous ai-je fait, et pourquoi donc punissez-vous tant d'amour par tant de souffrance !!...

§

Au moment où la voiture de Georges sortait de la cour

d'honneur du château, madame de Presles s'engageait dans les sentiers du parc et se dirigeait vers le pavillon où elle avait la certitude de trouver sa fille.

Diane s'était accroupie sur le divan, les deux mains plongées dans les masses de sa chevelure flottante. — Ses yeux mornes et secs n'avaient plus de larmes. — Leur regard offrait une expression vague et presque égarée.

La jeune fille se leva en voyant entrer sa mère, et lui dit simplement :

— Vous savez tout, n'est-ce pas?

Madame de Presles, trop émue pour pouvoir parler, fit un signe affirmatif.

Diane alors se jeta dans ses bras et cacha sa tête sur son sein, en balbutiant :

— Oh! ma mère... ma mère, je suis bien malheureuse!...

La comtesse ne répondit qu'en couvrant de baisers les joues pâles de sa fille et en mêlant ses larmes à celles qui recommençaient à couler.

— Mais quelle faute ai-je donc commise?... — demanda Diane au bout d'un instant, — de quoi suis-je coupable?... Qu'ai-je donc fait à Dieu qui me torture ainsi?...

Cette fois encore les caresses de madame de Presles furent sa seule réponse.

— Oh! venez, venez, ma mère... — ajouta la jeune fille impétueusement, — j'ai besoin d'embrasser Blanche...

Et elle entraîna la comtesse du côté du château.

Toutes deux arrivèrent dans la pièce consacrée à la nourrice et à l'enfant. — Sur un signe de madame de Presles, la nourrice sortit.

Diane saisit alors avec une sorte de délire la charmante petite créature qui souriait dans son berceau; — elle l'appuya furieusement contre son cœur et l'embrassa cent fois, et cent fois encore, en balbutiant :

— Je t'aime, malgré tout!!... je t'aime!!...

XV

La mère et la fille.

Le lendemain, dans la soirée, Diane et sa mère se promenaient lentement sous la voûte de verdure de l'allée des grands marronniers. — La comtesse tenait dans ses mains l'une des mains de sa fille, et de rares paroles, suivies de longs silences, s'échangeaient à voix basse entre les deux femmes.

Évidemment madame de Presles était sous le coup d'une préoccupation pénible, et cherchait le courage nécessaire pour entamer un entretien difficile.

Tout à coup elle s'arrêta, et, attirant Diane auprès d'elle, de façon à pouvoir lui faire une ceinture de ses deux bras, elle lui dit, en effleurant de ses lèvres son doux visage décoloré :

— Je manquerais à mes devoirs de mère, mon enfant chérie, si je ne cherchais, par un suprême effort, à ramener auprès de toi le bonheur qui s'enfuit...

— Le bonheur !... murmura Diane, — vous savez bien que je ne peux plus être heureuse...

— Je sais que tu le crois, mais je sais aussi que peut-être tu te trompes en le croyant.

La jeune fille secoua doucement la tête.

Madame de Presles continua :

— Il faut que tu m'écoutes, mon enfant... — il faut que tu me pardonnes d'aborder un sujet douloureux et de toucher aux plaies saignantes de ton cœur... — Sans doute vais-je agir à la façon des chirurgiens, qui parfois irritent les blessures pour mieux les guérir...

— Hélas ! — pensa Diane, — mes blessures sont inguérissables !!...

Puis, tout haut, elle répondit :

— Quoi que vous fassiez, ma mère chérie, ce sera bien fait... — Dites-moi donc ce que vous avez à me dire... — je suis prête à tout entendre, et j'essayerai de répondre à tout.

— Tu aimes Georges, n'est-ce pas ?

— Si je l'aime ! — balbutia la jeune fille, — oh ! oui !...

— Profondément?

— De toute mon âme, et cent fois plus que ma vie !!

— Tu crois à son amour?

— J'en suis aussi sûre que du mien.

— Tu comprends alors ce qu'il doit souffrir en face de ton refus de devenir sa femme et de lui laisser le moindre espoir pour l'avenir ?

— Je n'ai, pour comprendre sa souffrance, qu'à la comparer à la mienne...

— Tu es alors parfaitement convaincue que ta résolution immuable fait non-seulement ton malheur, mais celui de Georges?

— Ce n'est pas ma résolution qui fait ce double malheur, ma mère, c'est la fatalité !...

— Ainsi, tu te crois le droit de condamner l'homme qui t'aime à une souffrance sans fin... à une douleur éternelle et imméritée ?

— Est-ce que j'ai mérité ce que je souffre, moi, ma mère ?

— Non, cent fois non, pauvre victime !! — Mais pourquoi donc vous punir ainsi tous deux d'un crime dont vous êtes innocents l'un et l'autre ?

— Vous me le demandez, ma mère, — et pourtant vous le savez bien !! — Est-ce que je puis changer quelque chose à ce qui existe ? — est-ce que Dieu lui-même aurait la puissance d'effacer l'effroyable souillure qui brise à tout jamais ma vie ?... — Est-ce qu'il est possible, enfin, que je sois la femme de Georges ?...

— Oui, mon enfant, cela est possible.

— Jamais ! jamais, ma mère !! — s'écria Diane avec exaltation, — jamais !!! — Vous me demandiez tout à l'heure si je me croyais le droit de condamner Georges à souffrir ? — eh bien moins encore le droit de tromper son cœur loyal, de répondre à son noble amour par la plus lâche trahison !! — Ah ! mon malheur, je le sais bien, n'est qu'un malheur et non point un crime, mais je n'en porte pas moins au front la couronne d'épines de la honte !! — Est-ce donc cette couronne que celui que j'aime doit attendre de moi ? — Si je la partageais avec lui, innocente et martyre aujourd'hui, demain je serais coupable, demain je serais infâme !! — Répondez-moi, ma mère, est-ce vrai ?

— Ni coupable, ni infâme ! — répliqua madame de Presles. — Mais je ne veux pas essayer de combattre cette loyauté si fière de toi en son âme que, dans son exagération même, il me faut admirer ! — je viens seulement te dire que tu n'as point envisagé la question sous tous ses aspects...

— C'est vrai. — Je n'en ai vu qu'un; — en a-t-elle plusieurs? je l'ignore...

— C'est donc à moi de te les révéler.

— Parlez, ma mère... je vous écoute.

— Tu pousses le courage jusqu'à l'héroïsme, — poursuivit la comtesse, — et d'avance j'ai la certitude que je ne saurais t'ébranler en ne m'occupant que de toi. — C'est donc la cause de Georges que je vais plaider, et, comme ton esprit est aussi juste que ton cœur est pur, je crois être sûre d'avance que tu me comprendras.

— Jamais, du moins, — murmura Diane, — une voix plus sympathique n'aura pris la défense d'une cause plus touchante...

— Tu refuses d'épouser celui qui t'aime, et ton principal argument contre la possibilité de cette union, c'est qu'en devenant la femme de Georges tu lui apporterais une honte inconnue, une trahison anticipée... — C'est bien là ce que tu soutiens, n'est-ce pas, mon enfant?

— Oui, ma mère, c'est bien cela.

— Eh bien ! un seul mot va changer la question.

— Et ce mot? — demanda la jeune fille, dont le cœur battait à rompre sa poitrine, — ce mot?...

— Le voici : *Si Georges t'épousait sachant la vérité ?...*

Sans les ténèbres profondes, on aurait pu voir une éclatante rougeur envahir soudainement le visage de Diane.

Elle cacha sa tête dans ses mains comme si ce voile de pourpre étendu sur ses joues allait être, pour des yeux indiscrets, un indice de ce qui se passait en elle.

— La vérité !! — répéta-t-elle d'une voix que son agitation rendait à peine distincte. — Mais il ne la sait pas... il ne la saura jamais... — Oh ! ma mère, ma mère ! dites-moi qu'il ne la sait pas...

— Il ignore tout, mon enfant... — mais il peut tout apprendre...

— Tout apprendre !! oh ! mon Dieu ! mon Dieu !! — Ainsi donc, il manquait une torture à mon supplice !... — Mais, ce secret, ce secret terrible, qui donc le lui révèlerait ?...

— Toi, Diane.

Par un mouvement rapide, la jeune fille s'échappa des bras de sa mère qui l'enlaçaient ; — elle se recula brusquement et avec épouvante.

Pendant quelques secondes, on n'entendit que le murmure de la brise passant dans le feuillage, et le cœur de mademoiselle de Presles battant à coups pressés.

Enfin elle rompit ce silence.

— J'ai mal entendu... — dit-elle, — j'ai mal entendu, n'est-ce pas, ma mère ?

— Non, mon enfant, — tu as bien entendu...

— Ainsi, moi... je dirais à Georges... moi ?... Ah ! ma mère !!...

Diane prononça ces mots avec un indicible accent d'amertume et de reproche.

— Ma pauvre enfant, voici que tu m'accuses ! — fit doucement madame de Presles ; — et cependant, tout à l'heure, tu verras que j'ai raison, tu verras que je te demande une action noble et grande et le plus généreux de tous les sacrifices...

— Je ne vous comprends pas...

— Crois-tu qu'il serait juste de condamner un homme à mort, sans lui faire connaître les raisons qui motivent l'arrêt, — sans lui laisser les moyens de combattre ce jugement et d'essayer de sauver sa tête ?...

— Non, ce ne serait pas juste... — Mais quel rapport entre cette situation et la nôtre ?

— Le rapport le plus intime : — Georges a le droit de savoir les motifs d'une résolution qui le tue... oui, qui le tue... Car, hier, j'ai bien vu que son désespoir était mortel !... — Il faut qu'il ait le pouvoir de t'absoudre, s'il le veut, d'un crime que tu n'as pas commis... — il faut qu'il ait le pouvoir de mettre dans les deux plateaux d'une balance son amour et ton malheur ; et si c'est l'amour qui l'emporte, il faut qu'il ait le pouvoir de te dire : — *Je vous aime plus que jamais !* — *votre douleur grandit mon estime ! vos souffrances nous unissent au lieu de nous séparer. — Je suis à vous ! — Soyez à moi !!*

— Oh ! ma mère, — s'écria Diane, — oh ! ma mère, est-ce bien possible, et croyez-vous qu'il dirait cela ?...

— Ne le connais-tu pas assez pour en être sûre ? — Je croirais, moi, l'offenser en doutant de lui...

La jeune fille s'absorba dans une rêverie profonde et qui dura longtemps.

— Peut-être avez-vous raison, ma mère... — dit-elle enfin.

— Oui, je le pense comme vous, Georges aurait le sublime courage et la divine pitié que vous lui supposez... — Mais, pour cela, il faudrait parler, et je serais morte cent fois avant que le premier mot de la terrible confession ait pu s'échapper de mes lèvres !...

— Pour parler la force te manque, je le comprends ; — mais pour écrire, il ne te faut que la volonté...

— Écrire ! — répéta Diane à deux reprises, — écrire... C'est vrai, on peut écrire...

Et, de nouveau, elle se plongea dans une méditation profonde qui fut interrompue par un tressaillement soudain.

On eût dit qu'un spectre hideux venait d'apparaître à la jeune fille. — Et c'était bien un spectre en effet, — celui du doute et de la défiance.

— Qu'as-tu donc ? — lui demanda madame de Presles.

— Et si nous nous trompions toutes les deux ! — murmura Diane, — s'il allait, quand il saura tout, frémir d'horreur et me repousser ?... — Que deviendrais-je, alors, ayant moi-même divulgué ma honte et ne recueillant pas les fruits du sacrifice ? — Non, non... plutôt mourir en emportant avec moi mon secret ! — Georges, du moins, gardera dans son cœur mon image immaculée ! — je vivrai dans ses souvenirs avec une auréole intacte !... — Il me pleurera morte, ma mère, au lieu de m'abandonner vivante !! Cela vaudra mieux ainsi !...

— Diane, ma pauvre enfant ! — s'écria la comtesse, — c'est ton orgueil qui parle en ce moment et qui fait taire ton amour.

— Si tu préfères une tombe à l'espoir, même incertain, de vivre toute une longue vie auprès de Georges heureux par toi, c'est que tu n'aimes pas, c'est que tu n'as jamais aimé !!

— Dieu du ciel ! — balbutia Diane en élevant ses mains jointes comme pour prendre à témoin ce Dieu qu'elle invoquait, — ma mère ne croit point à cet amour qui me tue !! C'est nier le bûcher des martyrs !...

— Calme-toi, chère fille, et comprends ma pensée ! — Ce que j'ai dit, je le répète... — oui, n'eusses-tu qu'une chance de sauver ton amour du naufrage qui va l'engloutir, si tu ne risques pas sur cette chance ta vie tout entière, sans une hésitation, sans un doute, sans un regret, oui, mille fois oui, tu n'aimes pas, tu n'as jamais aimé !!...

— Vous avez raison, ma mère, — répondit la jeune fille après une ou deux secondes de silence, oui, l'amour est un dieu jaloux qui veut des sacrifices... — Ainsi que vous venez de le dire, je vais jouer ma vie sur une carte... et bien plus que ma vie, car ma pudeur et ma fierté feront aussi partie de l'enjeu... — Si je gagne, je me sens assez de force et d'amour pour faire un homme heureux de celui qui malgré tout, aura bien voulu m'accepter... — Si je perds... (ne cherchez pas à combattre ma résolution, ma mère), si je perds, vous n'aurez plus de fille...

— Diane... mon enfant... ma fille chérie, — s'écria madame de Presles avec terreur, — que dis-tu là ?... veux-tu donc mourir ?...

Un pâle sourire vint aux lèvres de la belle Provençale.

— Ne craignez rien, — répondit-elle, — je ne parle pas de la mort...

— Et, de quoi donc, de quoi parles-tu ?...

— Du cloître, qui sépare une fille de sa mère aussi bien qu'un tombeau !... — Ce cœur et cette âme dont Georges n'aura pas voulu, je les offrirai à Dieu, qui les acceptera... — N'ayant pu être une femme aimée et une femme heureuse dans le monde, je serai, dans le fond d'un couvent, une pauvre religieuse, bien humble et bien soumise, s'efforçant d'oublier la terre pour ne penser qu'au ciel... — Ne me répondez pas, ma mère... — ma vie, en ce moment, est entre deux chemins... — c'est Dieu lui-même qui va la pousser, à sa guise, vers l'un ou vers l'autre... — Quoi qu'il décide de moi, sa volonté me sera sacrée... — rien au monde ne saurait m'empêcher d'obéir à l'ordre qu'il me donnera... — je résisterais à vos prières... — je résisterais même à vos larmes...

Madame de Presles serra sa fille dans ses bras avec un transport de tendresse fiévreuse.

— Chère enfant bien-aimée, — lui dit-elle parmi ses baisers, — chasse, chasse bien loin ces lugubres idées... — J'accepte le jugement de Dieu, et je l'accepte sans effroi, car je suis sûre d'avance que nous devons espérer...

— Puissiez-vous ne point vous tromper !... — dit Diane simplement, — j'ai hâte de jouer cette partie qui va décider de mon sort... — Rentrons au château, ma mère...

— Que vas-tu faire ?...

— Écrire... écrire cette lettre fatale...

— Ce soir ?

— Dites cette nuit, ma mère, car il me faudra bien des heures, — des heures et des larmes, — pour en trouver chaque mot... pour en assembler chaque phrase...

Un tremblement nerveux secoua les membres de la jeune fille et fit s'entrechoquer ses dents.

Cette crise ne fut que passagère.

— Je vous donnerai cette lettre, — poursuivit Diane au bout d'un instant ; — est-ce vous, ma mère, qui vous chargerez de la faire parvenir ?...

— C'est moi-même qui la remettrai... — elle ne sortira mes mains que pour passer dans celles de Georges...

— Merci, ma mère, c'est bien ainsi... — et, maintenant, rentrons, car, je vous le répète, je n'ai pas trop de toute ma nuit...

XVI

Qui prépare l'avenir.

A une heure assez avancée de la matinée, le lendemain, Diane n'avait point encore paru et n'avait pas sonné. — Madame de Presles, un peu inquiète, pénétra sans bruit dans la chambre à coucher.

Diane, étendue toute habillée sur son lit, le visage pâle comme celui d'une morte et les paupières entourées d'un large cercle violet, dormait de ce lourd sommeil qui suit les nuits d'insomnie et qui s'impose au corps écrasé par une insurmontable fatigue.

Sur une petite table, entre deux flambeaux dont les bougies étaient entièrement consumées, se voyait une enveloppe cachetée de cire noire portant l'adresse de Georges Herbert.

Madame de Presles s'avança jusqu'auprès du lit, — elle s'agenouilla, et sur le front pur de sa fille elle appuya ses lèvres.

Diane s'éveilla aussitôt, et au moment précis où elle ouvrit les yeux elle retrouva sa présence d'esprit tout entière.

— Ma bonne mère, — dit-elle après avoir répondu par une caresse au baiser de la comtesse, et en étendant la main vers la petite table, — voici la lettre... — elle renferme ma destinée... prenez-la... — Pardonnez-moi de vous la remettre cachetée, mais sa lecture aurait été pour vous une nouvelle douleur et pour moi une nouvelle honte... — c'est bien assez, c'est trop, que les regards de Georges s'arrêtent sur ces lignes que ma main traçait avec horreur et qui brûlaient mes yeux...

— Enfin, le sacrifice est consommé... — que Dieu prononce, maintenant...

— Chère fille, — demanda madame de Presles, — est-ce que tu souffres ?...

— Non. — J'éprouve ce calme profond qui succède à toute résolution irrévocablement prise... — mon âme et mon corps sont engourdis... — J'attendrai mon arrêt sans trouble et sans angoisses...

— Ne descendras-tu pas ce matin auprès de nous?

— Permettez-moi de rester dans ma chambre et d'y rester seule, jusqu'au moment où vous viendrez m'apprendre mon sort... — C'est aujourd'hui que tout sera décidé, n'est-ce pas ?...

— Oui, aujourd'hui... dans quelques heures...

Diane essaya de sourire.

— Vous voyez, — dit-elle ensuite, — que je n'aurai pas besoin de beaucoup de patience, car l'attente sera bien courte...

La comtesse ne pouvait insister. — Elle embrassa Diane de nouveau et sortit de sa chambre en emportant la lettre.

Un instant après, elle mettait sous enveloppe une feuille de papier sur laquelle était tracé ce seul mot : *Venez*, — et elle écrivait le nom de Georges pour toute adresse.

Le déjeuner réunit le général, la comtesse et Gontran.

— Est-ce que Diane ne vient pas ? — demanda M. de Presles.

— Non, — répondit la comtesse, elle est un peu souffrante, et je la fais servir chez elle... — Mais ne vous inquiétez pas, mon ami, ce malaise est sans gravité.

Aussitôt que le repas fut achevé, madame de Presles dit à Gontran :

— Mon enfant, tu vas me rendre un service, n'est-ce pas?

Le jeune garçon, craignant que le service demandé par sa mère ne dérangeât ses projets personnels, fit une moue légère.

La comtesse continua :

— Il s'agit de monter à cheval et de porter à l'instant même cette lettre à ton ami Georges.

Gontran respira. — La villa Herbert ne le détournait en aucune façon du chemin de Toulon. — Il se donna donc le très-facile mérite d'une réponse gracieuse, et, au bout de quelques minutes, il partait.

Georges, qui depuis la veille attendait avec une ardente impatience la venue d'un envoyé du château de Presles, courut au-devant de Gontran.

Ce dernier descendit de cheval en se donnant l'apparence gourmée et les allures graves et compassées d'un diplomate émérite.

— Mon cher Gontran, — demanda Georges vivement, — avez-vous quelque chose pour moi ?...

— Oui... oui, j'ai quelque chose, mon bon ami...

— Quoi donc?

— Une lettre.

— De mademoiselle Diane ?...

— Pas précisément.

— De qui, alors ?... de qui ?... — parlez vite, mon cher enfant, parlez vite !!...

— Calmez vos nerfs, mon bon ami Georges... — l'épître qu'en vos mains l'on m'a dit de remettre, est de madame la comtesse de Presles en personne... — et, comme je ne veux pas vous faire languir, je m'acquitte de mon message en vous la donnant sans plus de retard.

Georges saisit l'enveloppe que Gontran lui tendait. — Il la déchira et il lut avidement le mot unique tracé par la comtesse.

A cette lecture succédèrent les transports d'une joie poussée jusqu'au délire; — joie facile à comprendre, car madame de Presles écrivant : *Venez!* disait clairement : *Tout va bien !*..

Georges agita bruyamment les sonnettes, et, aux domestiques qui se présentèrent, il cria :

— Mes chevaux !... mes chevaux à l'instant !!...

Volontiers, nous le croyons, il eut ajouté comme Richard III :

— Mon royaume pour des chevaux !...

Gontran riait en le regardant.

— Ah çà ! mon bon ami, — lui dit-il quand ils se retrouvèrent seuls, — il paraîtrait que je suis un messager de joyeuses nouvelles...

— Cher Gontran, — répliqua Georges, — vous ne comprendrez jamais quel immense bonheur vous venez de m'apporter... — Tout à l'heure, j'étais l'homme le plus soucieux, le plus préoccupé du monde entier... — j'en suis maintenant le plus heureux !!...

— Voyez un peu quelle belle invention que l'écriture !... — tant de joie renfermée dans une si courte lettre !... — à quand le mariage ?...

— A bientôt, j'espère.

— Je me sens enchanté de penser que c'est moi qui vous en aurai apporté la première nouvelle...

— Oui, cher Gontran, c'est vous... et jamais, non, jamais, je ne saurai vous en témoigner assez ma reconnaissance...

— Rien ne vous serait plus facile, cependant, mon aimable futur beau-frère, si vous vouliez...

— Et que faut-il faire pour cela ?...

— Oh ! mon Dieu, tout simplement me prêter mille francs dont j'ai le plus pressant besoin...

Georges courut à son secrétaire. — Il y prit la somme demandée par Gontran et la lui donna.

— Grand merci, — dit le jeune garçon en empochant les cinquante louis, — je voudrais avoir une demi-douzaine de sœurs, mon bon ami, pour vous les voir épouser toutes !... — je suis sûr que vous les rendriez heureuses...

En ce moment, on vint annoncer que les chevaux étaient attelés.

Georges et Gontran se séparèrent, — le premier prenant la route du château de Presles, — le second se dirigeant vers Toulon.

Madame de Presles reçut le jeune homme, — s'enferma avec lui, et leur entretien dura près d'une heure.

Au bout de ce temps ils se séparèrent.

— La comtesse dit à Georges, dont le visage était rayonnant :

— Nous vous attendrons demain, à six heures, *mon fils*...

— A demain, madame... à demain, *ma mère*... — répondit le Provençal en baisant la belle main de la créole...

Cette dernière, aussitôt que la voiture de Georges fut sortie de la cour d'honneur, monta dans la chambre de Diane.

La jeune fille, en entendant le pas de sa mère, s'était soulevée et appuyée sur son coude, et quoiqu'elle eût parlé le matin de son calme et de la résignation de son âme préparée à tout événement, elle attendait sa mère avec une dévorante anxiété dont l'expression se peignait en traits de flammes sur son visage.

Elle eut cependant assez d'empire sur elle-même pour ne pas articuler une question. — Ses lèvres restèrent muettes, — mais ses regards interrogeaient la comtesse avec une incroyable éloquence.

Madame de Presles vint s'asseoir sur le bord du lit. — Elle prit dans ses mains la tête de Diane et elle couvrit de baisers ses yeux et ses cheveux.

— Chère fille bien aimée, — dit-elle ensuite, je ne me trompais pas en te prédisant le bonheur... — Sois heureuse... complètement heureuse... — sans une arrière-pensée, sans un regret, sans une inquiétude... — tu le peux maintenant.

— Quoi... — s'écria Diane, haletante d'émotion, les yeux fixes, les lèvres tremblantes, — quoi... Georges m'aime encore... il veut toujours de moi ?...

— Il t'aime plus que jamais !!... — Son unique ambition, son plus ardent désir, sont de te nommer sa femme...

— Et, cependant, il a lu ?

— Oui... — répondit la comtesse d'une voix qu'elle s'efforça de rendre assurée.

— Jusqu'au bout ?

— Oui, jusqu'au bout.

— Et, tandis qu'il lisait, vous le regardiez, ma mère ?...

— Sans doute...

— Qu'avez-vous vu sur son visage ?

— Ce que j'aurais pu voir dans son âme... de la douleur et de la pitié.

— Mais, pas de haine et pas de mépris ?

— Ni l'un ni l'autre, mon enfant... — rien qu'une compassion profonde pour tes souffrances imméritées...

— Vous me le jurez, ma mère ?

— Je te le jure...

— Et, quand sa terrible lecture fut achevée... quand il sut la vérité tout entière, qu'a-t-il dit ?

— Il a dit ceci, chère fille : *Que le passé soit un mauvais rêve, et rien de plus ! — que Diane s'efforce de l'oublier, comme je vais l'oublier moi-même ! — Jamais un mot prononcé par moi ne viendra rouvrir sa blessure. — que jamais un mot prononcé par elle ne me force à me souvenir de ce qui s'efface de mon âme embrasée d'amour, comme les caractères s'effacent de ce papier que détruit la flamme...* [Tandis qu'il me parlait ainsi, ta lettre, à laquelle il avait mis le feu, se réduisait en cendres.] — Il ajouta : — *Tout est fini, je ne sais plus rien... si ce n'est que j'aime Diane cent fois plus que ma vie, et qu'elle est ma joie, mon bonheur, mon avenir.*

Madame de Presles avait à peine achevé ces paroles, que la jeune fille s'élançait du lit, et qu'elle s'écriait, radieuse, enivrée, transfigurée :

— Oh ! ma mère, vous le connaissiez bien, ce noble cœur ! vous l'aviez bien jugé !!... — Tandis que moi je doutais, vous n'avez pas perdu, ne fût-ce qu'un instant, votre sublime confiance en lui !!... — Vous m'avez sauvée ! ma mère ! — je vous dois deux fois la vie !! — A genoux, à genoux, et remercions Dieu !!...

La prière de Diane, l'élan de sa reconnaissance exaltée montèrent vers le ciel comme la fumée du plus pur encens.

Quand elle se releva, des larmes coulaient encore sur ses joues, mais, cette fois, c'étaient des larmes de joie.

— Mon enfant, — lui dit alors madame de Presles, — Écoute-moi, et si tu veux que le bonheur de Georges et le tien soient durables, et qu'aucun nuage ne vienne obscurcir votre avenir à tous les deux, gouverne ta vie d'après le conseil que je vais te donner : — Ces paroles de ton fiancé : — *que jamais un mot prononcé par elle ne me force à me souvenir de ce qui s'efface de mon âme,* — doivent être pour toi une règle de conduite inviolable... — Georges veut tout oublier, et il le pourra ; mais, pour cela, il faut que toi-même tu sembles avoir perdu la mémoire de ton malheur... — Comprends moi bien... — Si tu veux assurer le calme de ton mari, enferme au plus profond de toi-même ta reconnaissance envers lui, et que rien, ni une parole, ni un regard, ne viennent la lui manifester ; — cette reconnaissance le blesserait infailliblement... — Georges souffrirait de savoir que tu le trouves héroïque lorsqu'il n'est qu'ardemment épris. Il ne croit te faire aucun sacrifice, puisque, pour lui, le bonheur n'existe qu'avec toi... — Sache donc commander à ton visage, à ton attitude, à ta voix, lorsque vous allez vous trouver en présence l'un de l'autre... — La rougeur, les larmes, il faut tout éviter... — Il faut être enfin ce que tu serais pour Georges si le crime odieux que nous déplorons n'avait point existé... — Feras-tu cela, mon enfant ?

— J'essayerai, du moins...

— Il faut faire plus qu'essayer, — il faut me promettre de réussir. — Songe que ce que je te demande, c'est pour lui...

— Cette pensée me donnera la force de triompher de moi-même et d'être telle que vous voulez que je sois...

— Une fois les premiers moments passés, la tâche te semblera facile.

Diane baissa les yeux et demanda avec émotion :

— Et... Blanche ?...

— Rien ne changera, rien ne peut changer dans sa position... — Blanche est ma fille, elle restera ma fille... — Tu n'as, tu ne dois avoir pour elle qu'une tendresse de sœur, jusqu'au jour où je ne serai plus auprès de vous sur la terre... — Alors, tu me remplaceras et tu deviendras sa mère...

Diane ne put retenir un long soupir exhalé de sa poitrine et qui monta jusqu'à ses lèvres.

§

Un mois après, presque jour pour jour, dans la chapelle du château, Georges Herbert et Diane de Presles, agenouillés l'un à côté de l'autre, recevaient la bénédiction nuptiale des mains de l'archevêque de Bordeaux, assez proche parent du général, et toute l'aristocratie de la province assistait aux fêtes splendides qui suivirent cette union de deux êtres jeunes et beaux qui semblaient si bien faits l'un pour l'autre, et qui, selon l'opinion de tous les témoins du mariage, ne pouvaient manquer d'être heureux.

FIN DE LA DEUXIÈME PARTIE.

TROISIÈME PARTIE.

DIANE ET BLANCHE

I

Coup d'œil en arrière.

Nous avons abandonné deux des principaux personnages de notre œuvre, — Diane de Presles et Georges Herbert, — au moment où ils venaient d'être unis devant Dieu et devant les hommes.

Il nous faut maintenant, avant d'entrer dans le cœur même du récit complet que nous avons entrepris, — il nous faut disons-nous, franchir un intervalle de plusieurs années, et retracer sous une forme sommaire les principaux événements qui prirent place dans ce long entr'acte.

Disons d'abord que Gontran, de plus en plus dominé par ses passions impétueuses, par ses goûts de désordre, et surtout par les dangereux compagnons qui s'étaient faits ses flatteurs pour l'exploiter mieux et dont il ne pouvait plus se passer, accumula tant de folies honteuses et tant de dettes, dont quelques-unes menaçaient de devenir déshonorantes, que le général, tremblant de voir ce jeune insensé flétrir irréparablement l'écusson sans tache des de Presles, dont la devise aurait pu être, comme celle de l'hermine bretonne : *Potius mori quam fœdari!* fut obligé de prendre un parti rigoureux et de se montrer inflexible dans son exécution.

— Le fils qui salit mon nom ne peut garder sa place auprès de moi!! — dit-il à Gontran. — Je vous ferme à la fois mon cœur et ma maison. — Il n'existe pour vous qu'un moyen de vous faire rouvrir l'un et l'autre... — Vous avez dix-huit ans, — engagez-vous, — soyez soldat. — Tâchez de respecter l'uniforme que vous aurez l'honneur de porter, — effacez par un avenir sans tache un passé déplorable, et alors, mais seulement alors, je redeviendrai pour vous ce que j'étais jadis...

Gontran, épouvanté de la perspective qui s'ouvrait devant lui, et à laquelle il n'avait jamais voulu croire, pleura, supplia, se mit à genoux devant son père, accumula des serments sans nombre...

M. de Presles avait été trop souvent la dupe de paroles ainsi données pour y croire désormais. — Il laissa dire le jeune homme, et il ne répondit qu'en haussant dédaigneusement les épaules.

Gontran ne se tint pas pour battu et il essaya de son influence sur sa mère dont il connaissait toute la faiblesse à son égard.

Il parvint en effet, sans trop de peine, à l'attendrir. — Il lui persuada que son repentir était sincère et que les belles résolutions qu'il étalait reposaient sur des fondements sérieux. — Enfin il réussit à en faire son alliée, et il la décida à parler en sa faveur.

La comtesse plaida la mauvaise cause du jeune homme avec toute l'éloquence de son cœur maternel et de sa conviction.

La résolution du général, nous l'avons dit, était inébranlable. — Il fut ému des pleurs de sa femme et du chagrin qu'il allait lui causer, mais il ne changea rien à ce qu'il avait résolu et il répondit à madame de Presles :

— N'insistez pas, ma chère amie, car vous insisteriez en vain!... — Je ne me rendrai point à vos prières, parce que cela serait pour nous tous un irréparable malheur, parce qu'enfin vous maudiriez pendant tout le reste de votre vie le jour où je vous aurais cédé. — Gontran partira ! — C'est une punition trop douce... — et Dieu veuille que je n'aie pas attendu trop longtemps pour punir!

Il était inutile de chercher à combattre plus longtemps une résolution ainsi arrêtée et exprimée de cette façon. — La comtesse n'insista plus, et Gontran prit son parti en se disant qu'après tout, peut-être, la vie du régiment aurait ses bons côtés.

Et, dans son for intérieur, il ajouta :

— Mon père est vieux, d'ailleurs... — Qui sait si j'attendrai longtemps pour être libre et pour être riche ?...

Un des cousins de M. de Presles commandait un régiment de lanciers. — Gontran lui fut envoyé, et le général prit soin d'écrire à son parent une longue lettre par laquelle il le mettait en garde contre les funestes instincts et les tristes habitudes du jeune homme, en le priant de surveiller les uns et de ne point permettre aux autres de se développer librement.

Quelques jours après, le trop précoce viveur parisien rejoint le régiment qui tenait garnison à Maubeuge. — De ses mains élégantes il pansait mélancoliquement son cheval, brouettait le fumier hors des écuries et balayait les cours de la caserne ; — ou bien, sans le moindre enthousiasme, il recevait d'un sous-officier, médiocrement aristocratique en ses formes, les premiers éléments de l'école du cavalier.

Son cousin le colonel le traitait du reste avec une parfaite bienveillance ; mais, afin de se conformer aux instructions de M. de Presles, il avait donné des ordres formels pour que Gontran ne fût dispensé d'aucune des corvées qui de l'existence du simple soldat ne font pas précisément une situation enviable.

Il convient d'ajouter que le jeune homme n'était point au corps depuis quinze jours qu'il avait déjà fait connaissance avec la salle de police, et qu'il avait choisi ses familiers les plus intimes parmi ces médiocres soldats, amis de la cantine et du tapage nocturne, et qu'en termes de caserne on appelle des *pratiques finies!*

Ici nous pourrions placer quelques détails curieux et originaux ; — mais ce n'est pas l'histoire de Gontran que nous avons à raconter, — du moins quand cette histoire ne se relie point d'une façon intime avec celle des autres personnages de notre livre.

Laissons donc le jeune apprenti soldat dans sa petite garnison du nord, et retournons en Provence où nous appellent quelques faits d'une importance capitale.

II

Pressentiments.

Les faits que nous allons raconter se passaient dans le courant du mois de juillet 1834.

Diane, depuis l'époque de son mariage, avait instinctivement suivi les conseils donnés par sa mère, et reproduits par nous dans le précédent chapitre. Jamais une allusion à ce passé terrible, qu'hélas elle ne pouvait pas oublier, ne s'était échappée de ses lèvres.

Les jeunes époux étaient heureux. — Le bonheur de Georges surtout semblait si absolu, si radieux, si parfaitement exempt de toute préoccupation douloureuse, de toute arrière-pensée pénible, que parfois Diane, en regardant son mari à son insu, en voyant sur ses lèvres un sourire naïvement joyeux, dans ses yeux une placidité franche et complète, se demandait avec une sorte d'amertume :

— Comment donc fait-il pour ne jamais se souvenir ?... pour ne souffrir jamais?... Il m'aime cependant, et dans le fond de son cœur il doit garder ainsi que moi une blessure saignante...

Quand la jeune femme se disait cela elle avait des moments de profonde tristesse, — mais ces tristesses duraient peu, et d'ailleurs elle les cachait soigneusement à Georges.

En somme, nous le répétons, Diane et son mari pouvaient et devaient se trouver heureux.

Soudain, — et dans le courant du mois de juillet 1834, ainsi que nous l'avons écrit plus haut, — un coup de tonnerre inattendu retentit au milieu du ciel pur...

Une soirée d'une fraîcheur délicieuse succédait à une journée horriblement chaude.

Diane et Georges, les bras enlacés et les mains unies, se promenaient à pas lents, comme deux amoureux qu'ils étaient encore, sous les grands arbres du jardin de la bastide, en échangeant de tendres paroles et des regards plus tendres encore.

Le crépuscule allait faire place à la nuit. — Déjà les principales constellations commençaient à scintiller sur l'azur assombri du ciel.

On entendit retentir dans le lointain le galop impétueux d'un cheval lancé à fond de train et se rapprochant rapidement.

— Quelle course furieuse! — dit Georges, — celui qui presse ainsi sa monture doit être un jeune fou ou un homme chargé de nouvelles bien importantes...

— Dans tous les cas, — répondit Diane en riant, — il est probable que le fou ne vient point ici, et il est à peu près certain que les nouvelles ne nous regardent pas.

Une minute s'écoula.

Les fers du cheval broyaient les cailloux de la route le long des murailles d'enceinte du jardin.

Le bruit cessa brusquement et la cloche de la grille, agitée par une main convulsive, envoya dans l'espace ses clameurs métalliques.

— C'est ici qu'on venait... fit Georges, — qui diable cela peut-il être?...

Diane se serra contre son mari qui la sentit tremblante.

— Qu'as-tu donc ? — lui demanda-t-il.

— J'ai peur...

— Peur, chère enfant... et de quoi, mon Dieu?...
— Je ne sais pas... — murmura-t-elle.
— Si tu ne sais pas, c'est rassurant...
— Oh! ne raille point cette terreur, mon ami, je t'en conjure... — Un pressentiment néfaste a glacé mon cœur tout à coup... — Il me semble que l'homme qui vient de sonner nous apporte un malheur.

Georges prit sa femme dans ses bras.
— Chère folle bien-aimée, — lui dit-il, — viens te rassurer sur mon cœur... — Auprès de ce cœur, que peux-tu craindre?...
— Rien pour moi!... Ce n'est pas pour moi que j'ai peur... c'est pour ceux que j'aime.

Les pas de plusieurs personnes firent craquer le sable des allées. — On voyait en même temps, à travers les massifs, les clartés pâles d'un fanal qui se dirigeait vers les promeneurs.
— Voici qu'on vient à nous, — reprit Georges, — et tu vas savoir à quel point tes inquiétudes étaient peu fondées...

En ce moment le valet de chambre, tenant à la main le fanal dont nous venons de parler, apparaissait au détour d'une touffe de lauriers roses, en compagnie d'un domestique du château de Presles.

Les visages de tous les deux étaient bouleversés.
— Qu'y a-t-il donc? — demanda Georges qui commençait à partager l'inquiétude de sa femme.

Les deux domestiques hésitèrent.
— Parlez, Michel! parlez donc! — dit vivement Diane au domestique du général.
— Madame, — répondit Michel avec le plus manifeste embarras, — il faudrait que madame et monsieur voulussent bien venir au château...
— Mon Dieu! — cria la jeune femme, — mon Dieu!... un malheur est arrivé, n'est-ce pas?

Le domestique baissa la tête et balbutia des mots indistincts.
— Mon père est malade, peut-être?... Est-ce mon père?... — continua Diane.
— Non, madame... monsieur le comte se porte bien...
— C'est ma mère alors, ou c'est Blanche?... laquelle des deux?.. répondez!!. laquelle des deux?...
— Mademoiselle Blanche aussi se porte bien... — fit Michel, — c'est madame la comtesse qui s'est trouvée mal tout à l'heure... mais il faut espérer que cela ne sera rien...
— Est-ce ma mère qui me fait demander?
— Oh! non, madame, c'est monsieur le comte... madame la comtesse est sans connaissance...

Diane, à demi folle de terreur et d'angoisse, ne voulut pas en écouter davantage.
— Une voiture... — dit-elle avec des sanglots, — une voiture et partons... — Georges, au nom du ciel, hâtons-nous. — Tu vois bien que ma mère se meurt!..

Tandis que Michel donnait les explications qui précèdent, le valet de chambre n'avait pas attendu les ordres de son maître pour courir aux écuries et pour faire atteler une calèche.

Avant que cinq minutes se fussent écoulées, cette calèche importait Georges et sa femme sur la route du château de Presles où nous allons les devancer.

Rien au monde n'avait pu faire prévoir la crise subite du mal étrange qui venait de foudroyer madame de Presles.

Nous savons déjà que la comtesse avait quarante-trois ou quarante-quatre ans tout au plus. — Elle était dans la force de l'âge et n'avait rien perdu de sa beauté. — Elle semblait jouir d'une santé parfaite, et, ni la veille, ni le jour-là même, elle n'avait paru souffrante ou seulement fatiguée.

Comme de coutume elle avait employé son temps; — surveillant tout ce qui se faisait dans la maison, — donnant des ordres avec cette clarté qui les rendait faciles à comprendre et cette douceur qui les rendait attrayants à exécuter.

Pendant bien des heures elle s'était occupée de la petite Blanche pour laquelle elle témoignait la passion maternelle la plus exclusive.

Enfin, pendant les repas, sa gaîté vive et la complète liberté de son esprit avaient à plus d'une reprise fait éclore un sourire sur les lèvres du général, qui pourtant ne souriait guère depuis qu'il trouvait en Gontran la cause de tant d'inquiétudes incessantes et cruelles.

— Si nous allions voir Diane? — demanda-t-elle à M. de Presles après le dîner.
— Je préférerais remettre cette course à demain, ma chère amie, — répondit le général, — j'éprouve ce soir un peu de malaise.
— Rien de grave, j'espère?...
— Oh! soyez sans inquiétude...
— Ferons-nous un tour dans le parc?...
— Volontiers. Je crois que le grand air sera pour moi le meilleur remède...
— Dans ce cas, mon ami, quand vous voudrez?...
— A l'instant même...

Madame de Presles attacha sur ses beaux cheveux une sorte de résille espagnole en dentelles noires, et elle sortit du château donnant le bras à son mari, ou plutôt lui prêtant le sien sur lequel il s'appuyait, car le général, vieilli plus rapidement par le chagrin que par les années, commençait à sentir dans ses promenades le besoin d'un point d'appui.

Au bout d'une demi-heure de marche dans les allées les moins éloignées, la comtesse s'aperçut que le pas de M. de Presles se ralentissait.
— Êtes-vous fatigué, mon ami? — lui demanda-t-elle.
— Oui, un peu... — Décidément, ce soir, je ne suis pas vaillant... Je commence à croire, ma chère Henriette, que nous nous quitterons bientôt...
— Nous quitter? — murmura la comtesse qui ne comprit point le sens de cette phrase, — où donc iriez-vous?
— Là-haut... — répondit le général avec un sourire, en indiquant du geste les espaces infinis des cieux.
— Voulez-vous donc m'attrister avec des idées pareilles? — fit madame de Presles d'un ton de reproche.
— Vous attrister, chère Henriette!.. que Dieu m'en garde!!.. Mais enfin, j'ai trente ans de plus que vous... — Je suis un vieillard et vous êtes jeune encore... — C'est moi qui partirai le premier, et vous devez accepter courageusement la pensée d'une séparation peut-être prochaine...
— Pourquoi supposer qu'elle doive être prochaine, mon ami?... — Permettez-moi d'espérer, de toutes les forces de mon âme, qu'il n'en sera rien... — Ne savez-vous pas, d'ailleurs, que souvent ce sont les plus jeunes qui s'en vont avant les autres?...
— Heureusement c'est une exception.
— Enfin, je vous en supplie, ne me désolez pas inutilement par la prévision d'un malheur bien éloigné... — Ne souffririez-vous point si je vous disais, moi, que je crois que mon heure approche?...
— Vous pourriez me le dire sans me troubler, — je ne vous croirais pas...

Une étoile filante traversa le ciel, lumineuse comme une fusée et laissant derrière elle une longue traînée de feu, puis elle s'éteignit dans l'espace.
— Qui vous dit que cette étoile n'est pas l'image de ma vie? — fit la comtesse avec émotion — qui vous dit qu'après avoir brillé comme elle, comme elle elle ne s'éteindra pas tout d'un coup?... — Vous avez parlé de fatigue, mon ami, — ajouta-t-elle en détournant la conversation de la voie qu'elle suivait depuis un instant, — voulez-vous que nous rentrions?
— J'allais vous le demander.

Le général et sa femme reprirent silencieusement le chemin du château. — L'entretien qui précède avait mis une teinte sombre sur leurs pensées.

Ils allaient atteindre le perron aux larges marches bordées de fleurs qui mettait le vestibule en communication avec le parc. — En haut de ce perron un domestique attendait, une lampe à la main.

Tout à coup madame de Presles chancela.
— Qu'avez-vous donc? — lui demanda vivement le général.

Au lieu de répondre, elle porta la main au côté gauche de sa poitrine, — une angoisse indicible se peignit sur son visage, — elle poussa un long soupir, et, échappant aux bras

de son mari qui s'efforçait de la soutenir, elle tomba sans connaissance à la renverse.

Nous ne chercherons même point à donner une idée de la stupeur et de l'épouvante du général. — Tout ce que nous pourrions dire resterait trop au-dessous de la réalité.

Ce fut un spectacle lugubre que de voir ce vieillard affaibli, essayer, en pleurant et en gémissant comme un enfant, de soulever dans ses bras le corps inanimé de la noble et pure compagne de sa vie et s'épuiser en inutiles efforts. — Déjà l'alarme était répandue dans le château, — plusieurs domestiques accoururent. — On porta madame de Presles dans sa chambre et on l'étendit sur son lit.

Le général reprit alors assez de sang-froid pour donner des ordres :

— Que deux hommes montent à cheval, — dit-il, — qu'on aille chercher ma fille... qu'on ramène un médecin...

L'un des domestiques se dirigea à toute bride vers la bastide de Georges Herbert.

L'autre prit le chemin du bourg voisin qui n'était distant que d'une demi-lieue.

Le premier de ces valets, après avoir prévenu Diane et son mari, se remit en selle et gagna Toulon, afin que des médecins expérimentés vinssent joindre leurs lumières à celles de l'Esculape un peu primitif qu'on était allé quérir.

Celui-ci, lorsque Georges et sa femme arrivèrent, venait de pratiquer une saignée abondante, et cependant madame de Presles ne reprenait pas connaissance.

§

Les pages de ce livre ne renferment déjà que de trop nombreuses scènes d'agonie. — Il nous paraît urgent de couper court à ces tableaux funèbres et de ne point entortiller d'un crêpe permanent les barbes de notre plume.

Disons seulement que l'évanouissement de la comtesse était la première manifestation d'une maladie rapide et mortelle devant laquelle la science humaine devait être impuissante.

Une courte observation suffit aux médecins de Toulon pour les convaincre que madame de Presles était condamnée à mort, et que c'est à peine si des soins immédiats et intelligents parviendraient à retarder de quelques jours le moment suprême.

Nous avons oublié le nom technique de l'implacable maladie qui foudroyait ainsi la comtesse, et notre inexpérience en ces matières savantes est trop complète pour nous permettre d'en relater ici les symptômes.

Qu'il nous suffise de raconter les dernières minutes de celle qui, après avoir vécu en grande dame et en femme heureuse, mourut en mère de douleur... — *Mater dolorosa !...*

III

Une révélation.

La maladie de madame de Presles durait depuis cinq jours, — et depuis cinq jours Diane n'avait pas quitté le chevet du lit de sa mère. — Vainement le général et Georges la suppliaient de prendre un peu de repos et de ménager ses forces épuisées, ni l'un ni l'autre ne pouvaient obtenir qu'elle s'éloignât, ne fût-ce que pour un instant, de cette chambre où la comtesse agonisait.

A l'évanouissement, premier symptôme de la dévorante

maladie qui devait emporter madame de Presles, avait succédé une fièvre mêlée de délire, dont les accès se succédant presque sans relâche brûlaient le sang dans les veines et tarissaient les sources de la vie.

La mourante ne reconnaissait personne et les médecins s'attendaient à la voir expirer d'une heure à l'autre, sans qu'elle eût repris connaissance.

Ils se trompaient.

Vers le soir du cinquième jour, après un accès de fièvre plus ardent encore que ceux qui l'avaient précédé, madame de Presles tomba dans une lourde somnolence.

Les médecins se dirent l'un à l'autre :

— Qui sait si elle se réveillera ?... — et ils se répondirent par un hochement de tête de funèbre augure.

Leurs prévisions ne devaient pas se réaliser.

La comtesse fit un léger mouvement. — On s'empressa autour de son lit. — Elle souleva ses paupières, et dans l'orbite de ses yeux démesurément agrandis on vit briller un regard calme et plein d'intelligence. — Elle essaya de changer sa position et de s'appuyer sur son coude, mais elle ne put en venir à bout.

Diane et le général devinèrent quelle était la position qu'elle désirait prendre et lui donnèrent en amoncelant des oreillers sous ses épaules. — Elle s'efforça de sourire pour les remercier.

En regardant ce visage sur lequel cinq jours de maladie n'avaient laissé que des vestiges de sa rayonnante beauté, Diane ne put retenir ses larmes. — Le général, écrasé par la douleur, cacha sa tête dans ses deux mains.

Madame de Presles remua les lèvres...

Elle parlait ; — mais sa faiblesse était si grande, que personne ne put entendre une seule des paroles qu'elle tâchait de prononcer.

Diane se pencha sur elle, et sa bouche colla son oreille.

— Elle comprit alors que sa mère demandait un prêtre.

A partir du commencement de la maladie, le curé du village ne quittait presque pas le château, afin d'être sans cesse à la disposition de la malade, si, dans un moment lucide, elle le faisait appeler. — Il accourut, et le suprême entretien du confesseur et de la pénitente dura près d'une heure.

Lorsque le général, Diane, Georges et les médecins rentrèrent dans la chambre, madame de Presles semblait avoir repris quelque force et sa voix se faisait entendre distinctement.

— Mon ami... — dit-elle à son mari, qui prenait sa main brûlante sur laquelle il appuyait ses lèvres, — le moment est venu de vous faire mes adieux, car je sens bien que je vais mourir...

M. de Presles, suffoqué par les larmes au point de ne pouvoir répondre, fit un geste de véhémente dénégation :

— Je vais mourir, — répéta madame de Presles, — et pendant les longues années de notre union vous m'avez donné plus de bonheur qu'une femme ne peut en espérer en ce monde... — Je vous en témoigne publiquement ma tendre et profonde reconnaissance... — Ce n'est pas tout... — Peut-être, sans le savoir et sans le vouloir, m'est-il arrivé parfois de vous offenser par un manque de soumission involontaire, ou par quelque vivacité regrettable... — Publiquement aussi, et bien humblement, je vous en témoigne mon repentir et je vous prie de me pardonner pour que Dieu me pardonne... — Grâce au ciel, vous n'allez pas rester seul quand je ne serai plus là, mon ami... — Vous aurez vos trois enfants... Ma douce et chère Diane... un ange, — Blanche, un ange aussi, dont sa sœur sera la mère, — et Gontran, qui peut-être deviendra meilleur au moment de mourir qu'il a souffert et pleuré par lui !... — Souvent je vous ai trouvé sévère pour Gontran, mon ami, — parfois je vous ai trouvé presque injuste. — Aujourd'hui je vois de plus haut cette vie que je vais quitter, — je comprends combien votre conduite était prudente et sage... — Je comprends quel mal irréparable j'ai fait à mon malheureux fils par ma faiblesse coupable et par ma funeste indulgence... — cette pensée mêle une grande amertume au calice qui s'approche de mes lèvres... — Je vais prier là-haut pour ce pauvre enfant, et peut-être Dieu accordera-t-il à mes prières ce qu'il nous a si longtemps refusé...

Madame de Presles, pendant quelques secondes, garda le silence.

Le général, assis auprès du lit et la tête appuyée sur les couvertures, sanglotait avec une violence convulsive.

Diane, debout et morne comme une figure de marbre blanc, semblait n'avoir plus de larmes à verser, car ses yeux restaient fixes et secs.

Les deux médecins s'étaient retirés par discrétion, avec le prêtre, à l'extrémité la plus reculée de la chambre.

La comtesse reprit :

— Je vous dis donc adieu, à vous, mon ami... mon mari... le plus noble et le meilleur de tous les hommes... — A vous, Georges, mon enfant aussi, à vous que j'aime de toute mon âme, car vous aimez ma fille chérie et vous la rendez heureuse... — Je vous dis adieu, et je vous adresse une prière... Quittez cette chambre pour un instant et laissez Diane avec moi... les choses que j'ai à lui dire, c'est elle seule qui doit les entendre...

Georges et le général se conformèrent aussitôt au désir exprimé par la mourante.

A peine la mère et la fille se trouvèrent-elles en présence l'une de l'autre, dans un isolement absolu, que la comtesse, dont la voix un instant ranimée s'éteignait maintenant, balbutia:

— Diane... chère Diane... c'est à toi... c'est à toi surtout que je dois demander pardon... Et si la mort, qui me touche du bout de son aile, ne me clouait pas sur ce lit, je me jetterais à tes genoux pour te conjurer de m'accorder ce pardon que j'implore... — Pardonne-moi... pardonne-moi... si tu veux que mon âme puisse s'envoler sans terreurs et sans remords... — pardonne-moi, si tu veux que je meure en paix !!..

Stupéfaite de cette supplication désespérée, la jeune femme crut d'abord que le délire, momentanément suspendu, venait de s'emparer de nouveau de madame de Presles, — elle ne put toutefois s'arrêter à cette idée, car les regards de la mourante exprimaient une angoisse profonde mais n'offraient aucune trace d'agitation fébrile.

— Eh ! que puis-je vous pardonner ! — s'écria Diane, — à vous la meilleure, la plus tendre, la plus adorable des mères ?.. à vous qui n'avez jamais vécu que pour moi ?...

— Viens, mon enfant, près de moi... plus près encore... Ma voix est bien faible déjà, et cependant, pour te parler, il faut que je l'assourdisse encore... — Tâche de m'écouter sans terreur... — tâche de m'écouter sans colère...

— Je vous écoute avec respect, ma mère, — avec tendresse, — avec recueillement... — Comment pourrais-je éprouver, en vous entendant, d'autres sentiments que ceux-là ?...

— Diane, — fit la comtesse après un court silence, — Diane, je t'ai trompée...

— Vous, ma mère !! — s'écria la jeune femme.

— Je t'ai trompée... je t'ai menti !!

— Mère chérie, vous vous calomniez ! Toute tromperie vous est étrangère et vos lèvres ignorent le mensonge...

Sans répondre à cette interruption, madame de Presles poursuivit :

— Dieu m'est témoin que j'ai cru bien faire... Dieu m'est témoin que je ne voulais que ton bonheur... Ce sera mon excuse, peut-être... — Mais qui me dira si j'ai réussi, qui me dira si je n'ai point perdu ton avenir en croyant le sauver ?... — Ah ! mon enfant, ce doute est un supplice ! cette incertitude est une torture !!...

Diane ne comprenait pas ; mais en entendant ces paroles empreintes d'un mystère étrange, elle commençait à ressentir une vague et poignante inquiétude.

La mourante continua :

— Tu te souviens du jour où, dans ta droiture sublime, ne voulant pas acheter le bonheur au prix d'un mensonge, tu me chargeas pour Georges d'une lettre qui devait lui révéler le secret du passé...

— Comment l'aurais-je oublié ?... — Hélas ! je ne l'oublierai jamais !!

— Tu venais de me dire que je tenais dans mes mains ta destinée entière !... — Je savais donc que, si tu n'appartenais pas à Georges, tu n'appartiendrais qu'à Dieu et tu serais perdue pour moi...

— C'était la vérité.

— Eh bien ! chère fille, dans ma tendresse aveugle, je n'ai pas eu la force de jouer loyalement cette partie dont ton avenir était l'enjeu... — J'ai triché... j'ai menti...

Un frisson d'épouvante fit trembler tout le corps de Diane.

— Oh ! ma mère, — balbutia-t-elle, — que dites-vous ?... j'ai peur de comprendre... Qu'avez-vous fait ?... qu'avez-vous fait ?...

— J'ai trahi ta confiance en moi. — j'ai mis ma volonté à la place de la tienne... — j'ai éteint la lumière que tu voulais faire briller...

— Ainsi, ma lettre ?...

— Je ne l'ai pas remise...

Diane poussa un cri sourd, et malgré elle recula de quelques pas, s'éloignant ainsi de sa mère.

Puis, d'une voix étranglée et presque méconnaissable, elle reprit :
— Ainsi... Georges?...
— Georges ne sait rien...

Diane tomba à genoux et se tordit les mains en murmurant avec une expression déchirante :
— Oh! malheureuse... malheureuse femme que je suis!... j'ai trompé celui qui m'aime plus que sa vie!!... — Il aurait le droit, maintenant, de me regarder comme une infâme et misérable créature... il aurait le droit de me maudire... il aurait le droit de me chasser!!... — Oh! ma mère! ma mère!...
— Diane, mon enfant, mon enfant chérie... ne veux-tu point me pardonner... Me laisseras-tu mourir sans que ta parole d'indulgence... sans un mot de consolation et de pitié?...

La jeune femme se traîna sur ses deux genoux jusqu'auprès du lit, saisit les mains de madame de Presles et les couvrit de baisers en répondant :
— C'est par excès d'amour que vous m'avez trompée... — c'est en croyant me rendre heureuse que vous m'avez fait tant de mal... — Je n'ai point à vous pardonner, ma mère! car le pardon suppose une offense... — Je vous aime pour ce que vous avez voulu faire... je vous respecte, je vous admire! et je donnerais ma vie pour racheter la vôtre...
— Sois bénie, mon enfant! — murmura la comtesse, sois bénie par ta mère mourante, qui te bénit au nom de Dieu lui-même devant qui elle va paraître!...

Ses deux mains défaillantes se placèrent sur le front de Diane, prosternée devant elle.

En s'appuyant sur cette jeune tête, en s'y cramponnant en quelque sorte, elle parvint à se soulever à demi.
— Maintenant, — reprit-elle, — écoute-moi... — Cette lettre... cette lettre fatale... j'aurais cru commettre un sacrilège en la brûlant... — elle existe...
— Elle existe?... — répéta Diane avec stupeur.
— Oui, — continua la mourante, dont la voix devenait vague, incertaine, indistincte comme un murmure lointain. — Sous une double enveloppe... scellée de trois cachets à mes armes, et portant ces mots : *A brûler, sans ouvrir, après ma mort...*
— Et... cette enveloppe, ma mère... cette enveloppe?...
— Elle sera dans un instant entre tes mains... Tu la trouveras.

La comtesse s'interrompit.
— Où donc, ma mère? — demanda Diane.

Effrayée de ne point recevoir de réponse à cette question, la jeune femme leva les yeux sur sa mère et poussa un cri terrible.

Madame de Presles venait de retomber en arrière.

Ses prunelles fixes et déjà ternies n'avaient plus de regards, — sa bouche restait entr'ouverte.

Il était impossible de s'y méprendre... la mort elle-même venait de glacer sur ces lèvres, muettes désormais, la parole commencée et qui ne s'achèverait point!...

La comtesse emportait avec elle dans la tombe le secret de la lettre cachée!

Au cri de Diane, les portes s'ouvrirent. — Le général, — Georges, — le prêtre et les médecins se précipitèrent à la fois dans la chambre.

Mais, pour les uns, il ne restait autre chose à faire que de constater un décès; — pour les autres, que de pleurer et de prier auprès d'un cadavre.

Le désespoir de M. de Presles fut effrayant. — Ce noble vieillard retrouva pour souffrir toute l'énergie de la jeunesse. — L'amertume de ses plaintes déchirantes et de ses sanglots convulsifs touchait le cœur et faisait couler les larmes même des indifférents. — Il ne pouvait pardonner à Dieu de ne point l'avoir appelé à lui le premier, et il maudissait la vie, maintenant que sa femme bien-aimée n'était plus là pour en partager avec lui les joies et les souffrances...

Écrasée sous le poids de son double malheur, Diane ne pouvait prodiguer à son père les consolations dont elle-même avait tant besoin...

Lorsque quelques jours se furent écoulés, une morne apathie, un abattement absolu de l'âme et du corps succédèrent chez le général aux premières et violentes crises de désolation.

Un mois après la mort de madame de Presles, le comte, tout en conservant presque intactes la lucidité de son intelligence et la rectitude de son esprit, avait le visage, les attitudes, et parfois aussi les paroles d'un vieillard tombé en enfance.

§

Les faits qui suivirent le plus immédiatement la fin prématurée de la comtesse furent ceux-ci :

D'abord Georges et sa femme, afin de ne point abandonner le général aux tristesses de l'isolement, quittèrent la bastide dans laquelle ils passaient, nous le savons, une partie de l'été, et vinrent s'installer au château d'une façon définitive.

La comtesse s'était mariée sous le régime de la communauté et ne laissait point de testament; par conséquent toute sa fortune, qui n'était pas moindre de quinze cent mille francs, appartenait à ses trois enfants, Diane, Gontran et Blanche.

L'état de minorité de Gontran et de Blanche nécessita des inventaires et toutes sortes de formalités judiciaires, dans le détail desquelles nous n'avons point à entrer.

Disons seulement que Diane, en qui le détachement des intérêts pécuniaires arrivait jusqu'à l'indifférence la plus absolue, assista cependant avec une anxiété fiévreuse aux diverses opérations de l'inventaire et à toutes les recherches faites légalement dans les meubles de la comtesse, à cette fin d'opérer le *récolement* de ses bijoux et des valeurs dépendant de sa succession.

La pauvre jeune femme espérait qu'on trouverait en sa présence et qu'on livrerait aux flammes devant elle l'enveloppe sur laquelle la comtesse avait écrit ces mots : *A brûler, sans ouvrir, après ma mort.*

Cette attente fut déçue. — L'inventaire se termina, et la terrible enveloppe n'apparut nulle part, restant ainsi suspendue comme une épée de Damoclès sur la tête de Diane, qui frémissait à la pensée des conséquences effroyables que pouvait avoir pour elle, dans l'avenir, l'abus de confiance de quelque valet rendu possesseur, par le hasard, de cette lettre qui renfermait non-seulement son honneur, mais encore le bonheur et le repos de son mari.

Gontran, en apprenant la mort de sa mère, écrivit au général une lettre très-habile et très-touchante dont toutes les expressions, adroitement combinées, pouvaient et devaient faire croire à un changement réel survenu dans la manière dont le jeune homme comprenait la vie.

Il terminait cette lettre en demandant la somme nécessaire pour l'achat d'un remplaçant prenant à sa charge le temps qui lui restait encore à passer sous les drapeaux.

Quoique Gontran n'eût point encore, en raison de son âge, la jouissance et l'administration de sa fortune, il était riche désormais, et l'on ne pouvait, sous aucun prétexte, refuser d'accéder à sa demande.

L'argent fut donc envoyé, et le frère de Diane revint en Provence.

IV

Marcel et Georges.

Dans l'un des précédents chapitres de ce livre, nous écrivions ceci :

« *Avant de nous engager d'un pas ferme parmi les méandres du récit qui va suivre, il est indispensable de régler notre compte avec le passé et de mettre nos lecteurs au courant des modifications survenues dans la situation de nos personnages principaux. — A tout seigneur tout honneur. Marcel de Labardès ayant été jusqu'à présent le héros de ce livre, commençons par Marcel. — Les autres auront leur tour.* »

Ce que nous nous proposions de faire, nous l'avons fait.

Nous avons raconté successivement l'adoption de Raoul de Simeuse par Marcel; — nous avons photographié les traits principaux du caractère de Gontran et reproduit sous sa dictée quelques-unes de ses aventures; — nous avons assisté au mariage de Georges et de Diane, et aux événements qui précédèrent et qui suivirent cette union...

Nous espérons enfin avoir dit tout ce qu'il importait de dire, et nous avouons nous être laissé entraîner par l'ampleur de notre sujet bien au-delà des limites que nous nous étions tracées à l'avance. — Nous avions cru que quelques pages suffiraient pour mener à bien notre tâche, et voici que nous avons écrit plus d'un volume.

N'est-ce point ici le cas de s'écrier, en modifiant un vieux dicton très-connu :
— Le narrateur propose et le récit dispose?...

Il nous faut maintenant prier nos lecteurs de vouloir bien se reporter avec nous à ce chapitre dont nous avons cité quelques lignes un peu plus haut.

Nous étions en Provence, — à la villa Labardès et dans la

chambre du défunt baron Antide, — vers la fin du mois de juillet de l'année 1847.

Marcel de Labardès, étrangement changé, et vieilli d'une façon véritablement effrayante, quoiqu'il n'eût guère que quarante-trois ans, se promenait de long en large dans cette pièce d'un air rêveur et mélancolique.

Au moment où la pendule placée sur la cheminée sonnait dix heures du matin, il frappa sur un timbre. — Il demanda au valet de chambre qui se présenta si Raoul se trouvait dans son appartement, et son sourcil se fronça quand il apprit, par la réponse de ce valet, que le jeune homme avait quitté la villa, deux heures auparavant, en compagnie de Gontran de Presles.

Presque en même temps on entendait le bruit d'une voiture, le domestique venait annoncer que M. Georges Herbert descendait de son phaéton, et l'ordre était donné de l'introduire sur-le-champ.

Une minute après ce moment les deux amis se serraient la main, et Marcel disait :

— Bonjour, Georges, — comment se porte votre chère Diane ?...

— Ma femme va bien, — répondit le Provençal, — et, sachant que je venais ici, elle m'a chargé pour vous des choses du monde les plus affectueuses... — Vous n'ignorez pas, mon ami, qu'elle partage complètement l'affection profonde et la haute estime que je ressens pour vous...

Georges Herbert avait, à très-peu de choses près, le même âge que Marcel, et pourtant il semblait plus jeune que lui de dix ans au moins.

Ceci s'explique facilement.

Tandis que Marcel souffrait, au physique et au moral, des blessures de son âme et de celles de son corps, Georges, marié à la femme qu'il aimait uniquement et passionnément, était aussi heureux qu'il soit possible de l'être au monde, et l'on sait que le bonheur est la seule fontaine de Jouvence dont les vertus soient à peu près infaillibles. — Aussi pas une ride ne sillonnait son front et ses joues, — pas un cheveu blanc ne se mêlait aux masses toujours opulentes de sa chevelure blonde et bouclée, enfin sa figure, si régulière et si bienveillante, conservait toute la fraîcheur de la jeunesse.

Ce jour-là, cependant, il semblait soucieux, et son regard n'avait pas, comme de coutume, une expression vive et joyeuse.

Marcel en fit la remarque et dit à son ami :

— Ou je me trompe fort, mon cher Georges, ou quelque chose vous agite et vous préoccupe... — Je crois lire dans vos yeux que votre liberté d'esprit est loin d'être complète...

— Vous ne vous trompez pas... — répondit le Provençal avec un soupir.

— Vous avez des chagrins ?... — fit Marcel vivement et avec intérêt.

— J'ai du moins des inquiétudes...

— Graves ?...

— Malheureusement pour mon repos et pour le repos de tous ceux que j'aime, ces inquiétudes ne sont que trop graves...

— Est-il indiscret de vous demander à les connaître ?... — Vous savez que ce n'est pas la curiosité, mais une sympathie fraternelle qui me donne le désir de partager vos peines et vos préoccupations, quelles qu'elles soient...

— Vous ne pouvez jamais être indiscret avec moi, mon cher Marcel... — Vous l'êtes d'autant moins aujourd'hui que je suis venu tout exprès pour causer avec vous... — Votre cœur est le seul auquel il me soit possible de m'ouvrir librement... — A ma chère Diane elle-même je ne puis, je ne dois rien dire, sous peine de lui causer de douloureuses émotions qu'il faut éviter à tout prix...

— Vous m'effrayez !... — s'écria Marcel, — s'agit-il du général ?... — s'agit-il de Gontran ?...

— De l'un et de l'autre, mais je veux d'abord vous parler de mon beau-père...

— J'espère bien qu'il n'est pas malade ?

— Mieux vaudrait qu'il le fût...

— Comment ?...

— Une maladie peut se combattre et se guérir, et je crains bien que la situation du comte de Presles, au contraire, ne soit sans remèdes... — Chez lui ce n'est pas le corps qui souffre, c'est l'intelligence qui s'en va...

— Craignez-vous donc que la folie arrive ?...

— Oh ! non, — grâce à Dieu, jamais !... — Une âme comme la sienne ne saurait sombrer dans ce gouffre sans fond qu'on appelle la folie... — Ce que je redoute, c'est de voir s'éteindre et disparaître, l'une après l'autre, ses facultés mentales,

c'est, en un mot, de voir le général tomber en enfance à un âge où l'homme (surtout un homme richement et vigoureusement organisé comme il l'est) conserve d'habitude la pleine et entière jouissance de sa tête et de son esprit...

— Tomber en enfance ! — répéta Marcel, — en est-il déjà là ?...

— Il y marche du moins à grands pas. — Chaque jour je constate de véritables *absences* plus longues et mieux caractérisées que la veille... — Chaque jour aussi augmente mes appréhensions pour le lendemain.

— Lorsque j'ai vu le général pour la dernière fois, il y a deux ou trois semaines, l'état dont vous me parlez ne m'a pas frappé... — Tout au plus ai-je remarqué qu'en de certains moments M. de Presles semblait s'absorber plus particulièrement en lui-même et que, lorsqu'on lui adressait la parole dans ces moments-là, il ne répondait pas, ou il répondait au hasard, ainsi que fait quelqu'un qui n'a pas écouté... — J'ai attribué cette manière d'être à des distractions passagères...

— Il n'en était rien, mon ami... — Cet état d'absorption que vous avez remarqué devient l'état habituel du général... — Vivant au milieu du monde extérieur, il se séquestre en quelque sorte dans sa pensée inconnue, et il devient étranger à tout ce qui se passe autour de lui... — Il a presque entièrement perdu la mémoire, — du moins la mémoire des faits qui sont le plus près de nous, car il paraît garder presque intact le souvenir des choses éloignées... — Enfin, à des heures imprévues, il rentre tout à coup en possession de ses facultés d'autrefois, — ses regards brillent, — de grands rayonnements illuminent son intelligence ravivée, et je ne saurais les comparer mieux qu'à des éclairs soudains sillonnant de profondes ténèbres. — Ce sont ces heures de résurrection morale qui deviennent de plus en plus rares ; — je prévois que bientôt elles disparaîtront complètement, et je m'épouvante en songeant au jour où je ne pourrai plus cacher à Diane la situation de son père... — Sa douleur me fait frémir à l'avance... — Elle qui pousse jusqu'au culte, jusqu'à l'idolâtrie, l'admiration et le respect pour la haute raison, pour le jugement si juste et si droit du général, ne pourra s'habituer, sans un réel et profond désespoir, à voir la vie physique subsister seule chez le vieillard, alors que la vie intellectuelle aura cessé d'être...

— Comment se fait-il que votre femme ne s'aperçoive d'aucun des symptômes nombreux et quotidiens, que vous signalez, d'un si complet anéantissement moral ?

— Eh ! mon Dieu, j'ai jusqu'à ce jour lui donner le change sans trop de peine... — J'appelle toute son attention sur le général dans ces rares moments de complète et brillante lucidité dont je vous parlais, et je fais scintiller devant elle les passagères étincelles de cet esprit galvanisé... — Lorsqu'il retombe dans sa lourde torpeur, je mets ces absences sur le compte de la distraction, ainsi que vous le faisiez vous-même avant d'être éclairé par moi... — Mais, je vous le répète, un peu plus tôt ou un peu plus tard, il faudra bien que la vérité apparaisse à Diane, et, certes, la découverte de cette vérité lui causera l'une des douleurs les plus vives qu'elle puisse éprouver... — Vous voyez bien, mon cher Marcel, que j'ai grandement raison d'être triste, et que le mal est sans remède...

— Oui, — répondit M. de Labardès, — je vous plains...

Puis il ajouta d'une voix plus basse, et comme involontairement :

— Mais je ne saurais plaindre le général...

— Pourquoi donc ? — demanda Georges.

— Parce que sa mémoire s'en va, et que ceux qui peuvent oublier sont bien heureux !...

— Qu'avez-vous donc à oublier, vous, Marcel ?...

— Il m'est impossible de répondre à cette question, mon ami... et je vous supplie de ne point regarder mon silence comme une preuve de défiance... — Je voudrais ne rien vous cacher, mais je dois me taire !... — le secret que vous me demandez n'est pas le mien !...

M. de Labardès, après avoir prononcé d'une voix basse et triste ces dernières paroles, pencha sa tête sur sa poitrine et parut s'absorber pendant un instant dans ses souvenirs douloureux auxquels il venait de faire allusion.

Georges ne pouvait avoir la pensée d'insister.

Il respecta la sombre rêverie de son ami et il attendit qu'il lui plût de rompre le silence, ce qu'il fit au bout de deux ou trois minutes.

— Georges, — reprit-il, — ce n'est pas seulement au sujet de votre beau-père que vous avez des préoccupations fâcheuses... — Vous m'avez aussi parlé de Gontran...

— Oui, — répliqua le Provençal, — Gontran est la plaie de

sa famille... j'ai grand'peur qu'il n'en devienne bientôt la honte et, certes, il faut que Diane soit ce qu'elle est, c'est-à-dire le plus divin de tous les anges, pour que je lui pardonne d'avoir un frère tel que Gontran !!...

— Comment — s'écria Marcel, — c'est ainsi !... — Je savais bien que Gontran était un prodigue et un débauché... — je le supposais même assez dangereux pour ne tolérer qu'avec peine la liaison qui semble s'être formée entre lui et mon fils d'adoption Raoul, quoiqu'il existe entre eux une différence d'âge de près de huit ans, — mais je ne croyais pas que ses fautes pussent atteindre jusqu'au déshonneur...

— Et cependant, — répliqua Georges, — j'ai la conviction désespérante que c'est là qu'elles aboutiront...

— Que fait-il donc ?

— Il tient, dans son âge mûr, toutes les promesses de son adolescence... — Il obéit aveuglément, je ne dirai pas à ses passions, l'expression serait trop noble, mais à ses vices... — Il a englouti en quelques années, et Dieu sait comment et avec qui, le demi-million qui lui provenait de sa part dans la succession maternelle... — Aujourd'hui, complètement ruiné, forcé de quitter Paris pour venir vivre auprès de nous, car ses ressources actuelles ne pourraient lui procurer le luxe et le confort dont il a besoin, il continue, par toutes sortes de manœuvres honteuses, à contracter des dettes qui ressemblent à des escroqueries...

— Ces dettes, comment les paye-t-il, puisqu'il ne lui reste plus rien ?...

— Le général et moi nous avons apaisé, jusqu'à ce jour, les créanciers les plus farouches et les plus menaçants... — J'ignore ce que M. de Presles jugera convenable de faire à l'avenir, mais je sais bien pour ma part que je me lasse de subvenir aux déplorables folies de mon beau-frère... — Ce gaillard-là, comme Cléopâtre, avalerait des perles fondues !! — Si je le laissais faire, il compromettrait de la façon la plus grave la fortune de Diane et la mienne... — Vous comprenez, mon cher Marcel, qu'il est grandement temps d'en finir, et que prêter les mains plus longtemps à un semblable état de choses serait non-seulement de la faiblesse mais de l'imbécillité...

— Mon parti est pris. — Mais une fois ma bourse fermée, une fois Gontran face à face avec les exigences des prêteurs usuraires, d'autant plus implacables qu'ils sont plus fripons, à quels effroyables expédients le malheureux va-t-il avoir recours pour se créer des ressources, pour amener dans ses poches cet or qu'il jette à tous les vents de ses caprices, de ses folies et de ses vices ?... — Voilà ce qui m'effraye... — voilà ce qui me fait croire que le déshonneur est imminent pour mon beau-frère, car je le connais assez pour être certain qu'il ne reculera devant rien... devant rien, vous m'entendez, mon ami, quand il lui faudra satisfaire sa soif effrénée et insatiable de débauches... — Oui, Marcel, cela arrivera, — et, si engourdie que puisse être alors l'intelligence du général, elle se réveillera sous le coup de la première rumeur apportant jusqu'à lui la honte de son fils... — le malheureux vieillard se ranimera pour voir une tache sur son nom, et, à cette tache, je vous le jure, il ne survivra pas !...

— Ah ! c'est horrible !... dit Marcel.

— Oui, — répéta Georges, — bien horrible ! et d'autant plus que celui qui nous fait tant de mal et qui menace de nous en faire bien davantage encore, est là, près de nous, vivant en quelque sorte de notre vie, uni à moi par les liens de la plus proche alliance, — qu'il me faut cacher la répulsion qu'il m'inspire, lui sourire, lui tendre la main, lui parler et le traiter en frère... — Tenez, il y a des moments où moi, qui ne croyais haïr personne, j'éprouve pour Gontran une haine presque féroce.

— Mais cet argent, ces sommes énormes, dans quel gouffre ce malheureux jeune homme peut-il les engloutir ?...

— Il joue.

— Où ?

— A Toulon, quand nous sommes ici, — à Marseille, lorsque nous habitons Marseille...

— Dans le monde ?...

— Non pas. — Gontran déteste la bonne compagnie... — Chaque nuit il s'assied devant les tapis verts de quelque maison mal famée, de quelque bouge infâme, en compagnie de vils argefins et de chevaliers d'industrie notoirement décriés...

— Alors, il est assez vraisemblable qu'on le vole...

— Cela, pour moi, ne fait pas l'ombre d'un doute... — Il est dans la destinée de mon beau-frère (qui cependant était un garçon d'une intelligence développée et d'un esprit vif), il est dans sa destinée, vous dis-je, d'être exploité comme un nigaud par tous ceux qui jugent convenable de s'emparer de lui en flattant son orgueil... — Bien jeune, presque enfant encore, il était déjà la dupe de ses faux amis, de ses détestables camarades, qui riaient de lui en le dépouillant... — Les années sont venues, l'expérience ne les a pas suivies... — Gontran est précisément et exactement le même à trente-quatre ans qu'il était à dix-sept !... — Par malheur, ce qui pouvait s'appeler coupables folies chez un très-jeune homme, doit prendre un autre nom chez un homme fait... — Ce qui pouvait obtenir quelque indulgence, ne mérite plus qu'une inébranlable sévérité.

— Peut-être, le jour où vous refuserez de faire face à ses désastreux engagements, des créanciers irrités se chargeront-ils de sa punition, et quelques mois de prison pour dettes, en vous débarrassant momentanément de lui, lui donneront-ils une leçon...

— Il ne faut pas compter sur ce résultat...

— Pourquoi ?

— D'abord, je vous l'ai dit et je vous le répète, Gontran, avant de se laisse renfermer, emploiera tous les moyens, même des moyens infâmes, pour se procurer de l'argent... — Ce n'est pas la prison pour dettes que j'entrevois dans son avenir... — c'est la geôle criminelle... — Ce ne sont pas les huissiers qui l'y conduiront, ce sont les gendarmes...

Marcel fit un geste d'horreur.

— Mais enfin, — s'écria-t-il, — que redoutez-vous de sa part ?... un faux ?... un vol ?... quelque chose de pire ?...

— Je ne saurais préciser, mais je crains tout, car je sais Gontran capable de tout... — Il n'a ni cœur, ni âme, ni honneur... — Il ne croit à rien, — il ne redoute rien, excepté peut-être le châtiment, et vous savez bien que le coupable, à l'heure du crime, rêve toujours l'impunité... — Vous voyez quelle épouvante doit être la mienne... — La flétrissure de Gontran, cette flétrissure qu'incessamment je redoute, tuerait le général et donnerait à Diane un coup terrible dont peut-être elle ne se relèverait pas...

— Votre femme aime tendrement son frère ?

— Oui, tendrement, et je ne saurais le lui reprocher, car enfin le même sang coule dans leurs veines, le même sein les a nourris tous deux. — Elle ne voit pas son frère tel qu'il est, elle se fait des illusions sans nombre sur son compte. — Je ne me sens point le courage de soulever ce bandeau et, le jour où les faits eux-mêmes se chargeront de le déchirer, ce jour-là, Diane souffrira l'une des plus cruelles douleurs qu'un cœur aimant puisse ressentir...

Marcel prit la main de Georges et la serra longuement et affectueusement entre les siennes.

— Hélas ! vous aviez raison, mon pauvre ami ! — dit-il, — au bonheur de votre vie se mêlent bien des amertumes, et je vous plains de toute mon âme...

— Sans compter, — reprit Georges, — que Diane elle-même me donne aussi des inquiétudes, et, sans le vouloir et sans le savoir, me cause parfois des chagrins bien vifs...

— Des chagrins !! — s'écria Marcel avec étonnement, — elle ! votre femme !! un ange... vous le disiez vous-même tout à l'heure.

— Depuis la mort de madame de Presles, le caractère de Diane s'est métamorphosé d'une façon complète... — Certes, je suis loin de me plaindre de ma femme, et je me montrerais souverainement injuste si je le faisais... — Elle est douce et bonne comme autrefois, plus qu'autrefois peut-être, mais elle a perdu toute gaîté... — Il semble que le sourire soit devenu pour elle un effort, une contrainte ; — enfin, elle s'absorbe parfois dans de sombres tristesses que je suis impuissant à dissiper, et je cherche vainement les causes mystérieuses d'un état qui n'a pas de causes apparentes... — Je suis sûr de Diane comme de moi-même. — Je sais que les moindres actions de sa vie défient le blâme et le soupçon... — Je sais que l'âme de l'enfant qui vient de naître n'est pas plus pure et pas plus blanche que son âme, et c'est parce que je sais tout cela que je me demande : — *qu'a-t-elle donc ?*...

V

Marcel et Raoul.

L'entretien dont nous venons de mettre le début sous les yeux de nos lecteurs continua, et Marcel s'efforça, mais vainement, de calmer les tristesses et de diminuer les inquiétudes de son ami.

Georges Herbert écoutait les consolations de M. de Labardès en secouant doucement la tête. — Sa confiance en l'avenir était ébranlée par les faits eux-mêmes. — Rien au monde ne pouvait le rassurer, ni sur l'affaiblissement des facultés morales de M. de Presles, ni sur les désordres irrémédiables de Gontran, ni enfin sur les changements survenus dans le caractère et les habitudes de Diane.

Cependant Georges souffrait moins au moment de son départ qu'à celui de son arrivée. — Il avait dégonflé son âme en versant les confidences de ses douleurs dans un cœur dont il était sûr. — C'était tout ce qu'il pouvait attendre de cette entrevue, et le but de sa visite à Marcel était atteint complètement.

— Hélas ! — murmura M. de Labardès après avoir serré une dernière fois la main de Georges qui remontait en voiture pour regagner le château de Presles, — hélas ! il n'existe donc pas sur cette terre un seul homme véritable heureux ! — Je croyais au bonheur de celui-là, et je me trompais en y croyant. — Georges souffre comme moi... — mais au moins il peut avouer sa souffrance, et dans ses chagrins il n'y a pas de remords !...

Cette dernière pensée rejeta Marcel au milieu de ses souvenirs funestes. — La mort du commandant Raoul et les événements de la nuit du 10 mai 1830 le plongèrent dans une rêverie lugubre et douloureuse qui dura bien des heures et qui ne fut interrompue que par le retour de Raoul de Simeuse.

Le jeune homme, botté, éperonné, la cravache à la main, le visage animé par une course rapide, entra dans la chambre de M. de Labardès, et, après l'avoir affectueusement embrassé, il lui dit :

— Je viens d'apprendre par votre valet de chambre, mon ami, que vous m'aviez demandé ce matin, et si j'avais pu prévoir que vous aviez à me parler, je n'aurais point quitté la villa sans vous avoir vu...

Marcel regarda avec émotion le visage de ce beau jeune homme, vivant portrait de son père, et qui, tout en lui rappelant sans cesse un crime, lui en montrait en même temps la réparation, et semblait, dans la maison même du meurtrier, un gage de pardon venu d'en haut.

Tel nous avons vu Raoul lors de sa première rencontre avec Marcel dans une petite ville des Pyrénées, tel il était encore. — C'est à peine si les cinq ou six années qui venaient de s'écouler avaient laissé leur faible empreinte sur son front pur et blanc comme celui d'une jeune fille, et tout rayonnant cependant de noble audace et d'enthousiasme généreux.

Difficilement on aurait pu rencontrer chez un adolescent une beauté plus charmante et plus sympathique. — Il était à peu près impossible de voir Raoul de Simeuse sans se sentir attiré vers lui, tant la franchise de son regard et l'aménité de son sourire disaient clairement que Dieu s'était plu à renfermer une âme loyale et bienveillante sous cette forme irréprochable.

Gontran de Presles lui aussi, à l'âge de Raoul, avait la beauté du visage et du corps, mais il n'avait que celle-là, malheureusement pour lui et pour tous les siens.

Après l'avoir regardé avec un silence adoptif, pendant quelques secondes, Marcel répondit aux paroles que le jeune homme venait de prononcer.

— En effet, mon enfant, — dit-il, — j'ai le désir de causer avec vous, — mais il importe peu que cet entretien, très-sérieux et très-nécessaire pourtant, ait été retardé de quelques heures.

— Eh bien ! mon ami, me voici à vos ordres...

— Ne sentez-vous donc pas le besoin de prendre quelque repos après les fatigues de votre longue promenade à cheval ?...

— En aucune façon...

— Dans ce cas, descendons au jardin et allons nous asseoir à l'ombre des platanes... — Nous y serons à merveille pour causer tout à notre aise... — qu'en pensez-vous ?...

— Je pense, mon ami, qu'en cela comme en toutes choses vous avez raison...

— Venez donc...

Marcel passa son bras sous celui de Raoul, sortit avec lui de la maison et le conduisit sous un groupe de platanes quasi-séculaires, situés à l'extrémité du jardin et répandant autour d'eux une ombre large et transparente. — Des sièges rustiques de toutes les formes, disséminés dans cet oasis de verdure, semblaient inviter les promeneurs au far-niente ou à la causerie, pendant les heures chaudes du milieu du jour.

Marcel s'assit et fit signe à Raoul de prendre place à côté de lui.

— Mon cher enfant, — lui dit-il ensuite, — vous avez confiance en moi, n'est-ce pas ?...

Raoul regarda M. de Labardès d'un air étonné, et véritablement il ne comprenait guère qu'une semblable question lui fût adressée, tant il lui semblait que son interlocuteur devait être, à l'avance, certain de sa réponse.

Cependant il répliqua :

— Oui, certes, j'ai confiance en vous, mon ami ; — une confiance absolue, aveugle, sans bornes...

— Vous savez que votre bonheur est le désir et le but de ma vie ?...

— Vous me l'avez prouvé trop souvent pour qu'il me soit permis et possible d'en douter...

— Tout en me réservant de guider votre jeunesse et de vous faire profiter de mon expérience chèrement acquise, ai-je jamais abusé, je ne dirai pas de mon autorité presque paternelle, mais de votre déférence à mon égard, pour vous importuner de mes conseils et vous fatiguer de mes remontrances ?...

— Jamais.

— Alors, mon enfant, vous êtes disposé à prendre en bonne part les observations que je crois devoir, dans votre intérêt, vous soumettre aujourd'hui ?...

— Je les écouterai avec le respect d'un fils entendant parler le plus tendre et le meilleur des pères, et je m'efforcerai d'en faire mon profit...

Marcel saisit la main de Raoul et la serra entre les siennes. — Puis il continua :

— Si j'avais pu concevoir le moindre doute sur la loyale et infinie délicatesse de vos sentiments, votre réponse l'aurait dissipé déjà... — Je puis donc aborder sans crainte un sujet délicat. — Peut-être un autre se blesserait-il de mes paroles et croirait-il devoir accuser ma tendresse d'être exigeante et jalouse... — Vous, saurez, vous, me comprendre, et vous m'approuverez, j'en ai la certitude. — Je veux donc vous parler d'une liaison qui m'étonne et qui m'effraye...

— Une liaison ? — répéta Raoul.

— Oui, — une liaison tellement inexplicable, tellement invraisemblable, que j'en cherche en vain les motifs, car une âme comme la vôtre ne saurait donner son affection à qui ne peut avoir son estime...

Marcel se tut, et Raoul, qui l'avait écouté avec une religieuse attention, réfléchit profondément pendant quelques secondes.

— Mon ami, — dit-il ensuite, — je vous affirme (et je vous prie de ne pas douter un instant de ma véracité), je vous affirme que j'ai beau chercher le sens de vos paroles, — il m'est impossible de deviner ce que vous voulez me faire entendre. — Quelle est cette liaison qui vous inquiète ?... — A qui donc ai-je voué, sans le savoir, un attachement immérité ?...

— A Gontran de Presles.

Raoul fit un geste de surprise.

— Mais vous vous trompez ! — s'écria-t-il. — Vous vous trompez complètement !... Gontran de Presles n'est pas mon ami. — Comment pourrais-je éprouver quelque sympathie pour sa personne, puisque je suis forcé de mépriser son caractère et sa conduite ?...

— Cependant, presque chaque jour, vous êtes ensemble ?...

— C'est vrai.

— Ce matin encore il est venu vous chercher et il vous a emmené avec lui...

— C'est encore vrai. — Gontran, quoique plus âgé que moi, semble trouver en ma compagnie un plaisir que je ne comprends guère et que je ne partage pas, car l'immoralité de ses principes m'épouvante et le cynisme habituel de ses discours me révolte...

— Ainsi, mon cher enfant, c'est malgré vous que vous devenez l'assidu compagnon du vicomte de Presles ?...

— Oui, mon ami, c'est malgré moi.

— Mais alors, qui vous empêche de lui témoigner une froideur significative qui l'éclairerait sur la nature de vos sentiments à son égard ?

— Impossible ! — dit vivement Raoul.

— Pourquoi ?...

— Parce que Gontran deviendrait mon ennemi.

— Que vous importe ? — l'inimitié d'un homme tel que le vicomte de Presles est moins dangereuse que sa sympathie. — Georges Herbert me parlait aujourd'hui même de son beau-frère et m'en parlait avec désespoir... — Gontran est sur la limite du déshonneur, — il franchira le dernier pas qui l'en sépare, cela n'est point douteux. — Il faut donc s'éloigner de lui, car, ainsi que le dit le langage populaire avec son énergique trivialité, quand on est trop près de quelqu'un qui marche dans la boue, on s'expose à recevoir des éclaboussures. — Trouvez-vous que je sois dans le vrai, mon enfant ?...

— Oui, certes, — et tout ce que vous venez de me dire, — mon ami, je le savais et je me l'étais répété plus d'une fois...

— Dans ce cas, vous êtes décidé à rompre complètement avec le vicomte ?

Raoul secoua la tête d'un air embarrassé.

Mon ami, — fit-il ensuite, — pour la seconde fois, je vous réponds que c'est impossible...

— Alors, pour la seconde fois, je vous demande la raison de cette impossibilité ?...

Raoul baissa la tête et rougit comme une jeune fille devant laquelle on parle d'amour.

Marcel s'aperçut de son trouble et de sa rougeur et reprit :

— Je ne comprends plus ni ce que j'entends, ni ce que je vois... — dit-il, — vous semblez redouter Gontran... — Quelle étrange et mystérieuse influence peut-il donc exercer sur vous ?... — Vous ne l'aimez pas, vous le méprisez, et cependant vous craignez de rompre avec lui !... — Je vous en prie, mon cher enfant, donnez-moi le mot de cette énigme, car je renonce à le découvrir... — N'allez pas croire cependant que je doute de vous, malgré votre embarras manifeste... Je suis trop bien que vous ne pouvez rien avoir à cacher dont vous deviez rougir... — C'est par intérêt, et non point par défiance, que je vous demande votre secret...

— Mon secret !... — balbutia Raoul.

— Vous en avez un.

— C'est vrai.

— Ne puis-je le connaître ?

— Vous le pouvez et vous le devez, mon ami... — Un peu plus tôt ou un peu plus tard je vous aurais tout dit... — Je vais aujourd'hui vous ouvrir mon cœur dans lequel demain, sans doute, je vous aurais laissé lire... — Un seul mot vous fera comprendre mon refus de rompre des relations qui me pèsent... — J'aime mademoiselle Blanche de Presles, et mademoiselle Blanche de Presles est la sœur de Gontran.

— Vous avez raison, mon enfant, — dit Marcel avec un sourire, — je comprends tout maintenant, et je ne suis étonné que d'une seule chose, c'est de n'avoir pas deviné plus tôt quel aimant inconnu vous attirait sans cesse au château de Presles...

— Et, — demanda Raoul vivement et avec émotion, — approuvez-vous mon amour ?...

— Pourquoi ne l'approuverais-je pas ? — Blanche, que j'avais regardée jusqu'à ce jour plutôt comme une gracieuse enfant que comme une jeune fille, a sans doute hérité, non-seulement de la beauté, mais encore des admirables qualités de sa mère...

— Vous ne vous trompez pas ! — s'écria Raoul, — mademoiselle de Presles est un ange !...

— La femme qu'on dit être un ange... — répondit M. de Labardès en souriant de nouveau, — il arrive parfois, et même assez souvent, dit-on, qu'après le mariage les ailes tombent et que l'ange se métamorphose en démon... Je veux croire que, si mademoiselle de Presles devient madame de Simeuse, vous n'aurez point à redouter une semblable métamorphose... — Diane Herbert est une femme accomplie... — les exemples donnés par elle seront suivis par sa jeune sœur.

Raoul écoutait avec une joie plus facile à deviner qu'à décrire, les paroles de Marcel.

— Oh ! mon ami, — murmura-t-il, — vous venez de prévoir le cas où Blanche de Presles deviendrait ma femme... — Croyez-vous donc que je puisse espérer ?...

— Je ne vois rien qui doive rendre cette union impossible. — Vous portez un beau nom, moins illustre peut-être que celui des comtes de Presles, mais plus qu'honorable cependant, et presque aussi historique... — D'ailleurs le mariage de Diane avec Georges Herbert, qui n'était pas même gentilhomme, vous prouve que votre naissance ne saurait, dans aucun cas, devenir un obstacle... — Quant à la fortune, vous seriez pour Blanche un brillant parti... — Ma fortune est la vôtre, donc vous êtes riche, beaucoup plus riche même que ne le sera mademoiselle de Presles... — Les empêchements matériels me paraissent ne pas exister, mais je ne puis vous répondre ni de l'amour de Blanche, ni du consentement de son père qui peut-être a d'autres projets...

— Croyez-vous donc qu'il en ait ? — demanda Raoul avec effroi.

— Je ne crois absolument rien à cet égard, mon enfant... — J'ignore les intentions de M. de Presles... — Il me paraît cependant vraisemblable de supposer que ce bon et noble vieillard regarde sa plus jeune fille comme une enfant et ne s'est point encore préoccupé de l'idée de la marier...

— Que Dieu veuille qu'il en soit ainsi !!...

— A mon tour de vous interroger, mon cher Raoul... — Pensez-vous que Blanche sache que vous l'aimez, et croyez-vous qu'elle éprouve pour vous un sentiment pareil à celui qu'elle vous inspire ?

Après un silence d'un instant, Raoul répondit

— Vous me connaissez assez pour être certain que je n'ai jamais dit à Blanche un seul mot de mon amour... — J'ajouterai qu'elle a deviné, du moins je le crois, les sentiments que je lui cachais, et qu'elle les partage... — Son trouble involontaire en ma présence, — son émotion mal cachée, — ses rougeurs soudaines, — le tremblement même de sa voix quand elle me parle, tout fait naître dans mon âme le plus doux de tous les espoirs...

— Donc, à moins d'une complète erreur de votre part, de ce côté tout va bien...

— C'est mon avis... et vous savez cependant combien la fatuité est éloignée de mon caractère.

— Vous allez presque chaque jour au château... — Comment vous reçoit le général ?

— De la façon la plus touchante et la plus affectueuse... — Il semble m'aimer comme si des liens étroits nous unissaient déjà l'un à l'autre... — Il se plaît, pendant ses promenades dans le parc, à s'appuyer d'un côté sur Blanche et de l'autre sur moi... — parfois il m'appelle son fils...

— De mieux en mieux ! — s'écria Marcel, heureux du bonheur de son enfant d'adoption. — Je vois que toute la famille vous accepte d'avance et concentre sur vous ses plus vives sympathies.

— Toute la famille ? — répéta Raoul. — Malheureusement, non... — Vous vous trompez, mon ami, en supposant qu'au château de Presles tout le monde a de l'affection pour moi...

— Il existe une exception ?

— Oui.

— Qui donc ne vous aime pas ?

— La sœur de Blanche.

— Diane Herbert ?

— Oui, mon ami.

— Et vous croyez qu'elle ne ressent pour vous aucune bienveillance ?

— Non-seulement la bienveillance est absente, mais la haine existe.

— La haine !!

— Hélas, oui !!

— Mais, c'est impossible !!

— Impossible, soit, — mais pourtant cela est réel... — Je fais plus que le croire, j'en ai la certitude... — j'en ai plus que la certitude, j'en ai la preuve...

— Diane vous haïrait !... elle, la bonté même, la bienveillance incarnée !!...

— Je vous répète que madame Herbert me déteste.

— Mais, enfin, pourquoi ?

— Je l'ignore. — Je constate tristement un fait, mais je m'épuiserais sans résultat s'il fallait en chercher les causes...

— Comment admettre qu'une femme telle que madame Herbert vous déteste (puisque telle est l'expression dont vous vous servez), et cela sans motifs d'aucune sorte ?

— Je ne dis point que ces motifs n'existent pas... — je dis seulement que je les ignore.

— Moi, je vais plus loin que vous, je soutiens qu'ils ne peuvent exister...

— C'est qu'alors ma personne elle-même est antipathique à madame Herbert...

— Allons donc ! Vous êtes un beau et charmant jeune homme, et vous devez plaire à première vue.

— Vous voyez bien que non, mon ami...

— Vous avez, dites-vous, des preuves ?...

— Nombreuses et irrécusables, malheureusement.

— Donnez-les-moi.

— Ce n'est que trop facile...

— Je vous écoute, mon enfant, et j'avoue qu'il faudra que ces preuves soient bien convaincantes pour me convaincre...

— Prouvez-moi que je me trompe, mon ami, et vous me rendrez le plus heureux des hommes...

— Je ne désespère pas de le faire...

— Il y a quatre ans, vous vous en souvenez, nous venions de terminer nos longs voyages et de nous installer ici, — vous me conduisîtes pour la première fois au château de Presles... — Madame Herbert et son mari n'étaient pas en Provence dans ce moment... — Vous me présentâtes au général comme votre fils d'adoption, et il m'accueillit de la façon la plus complètement affectueuse.

— Je n'ai point oublié cela.

— Je retournai souvent au château. — J'étais attiré doublement, et par la touchante bonté de M. de Presles, et par la beauté naissante de mademoiselle Blanche, qui sortait à peine de l'enfance, mais qui promettait de devenir bien vite ce qu'elle est aujourd'hui, c'est-à-dire une jeune fille accomplie, réunissant toutes les grâces et toutes les vertus... —

J'appris un jour que madame Herbert et son mari arriveraient le lendemain... — Je me sentis très-curieux, je l'avoue, de voir la sœur de Blanche, cette femme dont j'avais entendu si souvent parler, et qu'avant son mariage, vous me l'aviez dit vous-même, on surnommait la *Belle Provençale*... — Par discrétion je laissai s'écouler deux ou trois jours, puis j'allai faire une visite au château... — Au moment de mon entrée, toute la famille était réunie dans le grand salon. — Le général me prit par la main, il me conduisit à madame Herbert qui disposait des fleurs dans une jardinière, et lui dit : *Ma chère Diane, je te présente notre nouvel ami dont j'ai prononcé déjà le nom devant toi avec affection... Monsieur Raoul de Simeuse...* Madame Herbert, dont la beauté me parut véritablement merveilleuse même à côté de celle de sa sœur, leva la tête en souriant et me regarda... — Mais, à peine ses yeux s'étaient-ils tournés vers moi, que mon visage sembla produire sur elle l'effet de la tête de Méduse... — Elle devint affreusement pâle : — elle chancela ; — les fleurs qu'elle tenait s'échappèrent de ses mains et s'éparpillèrent à ses pieds... — Elle se laissa tomber sur un siège, en balbutiant quelques paroles indistinctes, et elle parut au moment de s'évanouir...

— Voilà qui est étrange !! — s'écria Marcel.

— Oui, bien étrange... — répondit Raoul. — Mais ce n'est pas tout... — Le père et le mari de madame Herbert s'empressèrent auprès d'elle avec une inquiétude facile à comprendre... — Elle ne put répondre d'abord à leurs questions, puis elle allégua un malaise subit et sans cause appréciable, prétexte plausible, auquel j'ajoutai foi comme le général et comme M. Georges, car il m'était impossible d'imaginer que ma vue seule eût produit sur madame Diane une impression si fatale et si foudroyante... Peu à peu elle se remit et reprit son apparence accoutumée ; mais, pendant toute la durée de ma visite, elle évita sans affectation de m'adresser la parole, et son regard ne rencontra pas une seule fois le mien...

— J'attribuai au hasard seul tout ce que je viens de vous dire, et je me préoccupai si peu de cette inexplicable antipathie que je ne songeai même pas à vous en parler, et qu'à mon retour je vous demandai de la meilleure foi du monde si madame Herbert était sujette à des crises du genre de celle de laquelle j'avais assisté... — Vous souvenez-vous de ce détail, mon ami ?

— Oui... — répondit M. de Labardès.

Raoul continua :

— Depuis lors, il m'a été impossible de conserver la moindre illusion... — J'inspire à madame Herbert un sentiment complexe, mêlé de répulsion et d'épouvante... — Elle me hait, et je lui fais peur... — Elle voudrait me cacher ce double sentiment, mais elle ne peut en venir à bout... — Lorsque je parais à l'improviste devant elle, son visage prend la même expression que si quelque venimeux reptile s'offrait à sa vue... — Ses lèvres blanchissent, — elle pâlit légèrement. Cette pâleur échappe à tout le monde, mais ne peut m'échapper... — Si les hasards de la conversation la forcent à me dire quelques mots, elle le fait avec une politesse glaciale, et sa voix si douce prend une intonation indéfinissable qui me blesse comme une épée !! — Bien souvent il m'est arrivé de surprendre, dans une glace, les yeux de madame Herbert attachés sur moi, alors qu'elle était convaincue que je ne pouvais la voir... — Son regard prenait dans ces moments-là une expression d'horreur et de menace dont il me serait impossible de vous donner une idée... — Si je me retournais brusquement, ses yeux se baissaient aussitôt pour ne plus se relever... — Lorsque, soit dans le salon, soit dans le parc, je me trouve à côté de Blanche, le premier mouvement de madame Herbert est toujours de se jeter entre nous pour nous séparer... — Elle se contient, mais elle ne tarde guère à trouver un prétexte qui lui permette de s'emparer de Blanche et de l'éloigner de moi... — Elle me regarde, je vous le jure, comme un dangereux et mortel ennemi... — Un soir, sous la grande allée des châtaigniers et près de la fontaine de Neptune, un hasard dont je ne saurais me rendre compte permit que sa main rencontrât la mienne... — Elle poussa un faible cri, pareil à celui que lui aurait arraché le contact inattendu d'un serpent... — Un instant après, je la voyais laisser pendre sa main dans le bassin de la fontaine, et la frotter longuement ensuite avec son mouchoir comme pour en effacer une souillure... — Que dites-vous de cela, mon ami, et trouvez-vous suffisantes ces tristes preuves de la répulsion incompréhensible que j'inspire à madame Herbert ?..

— Vous aviez raison, mon enfant, c'est de la haine... une haine vigoureusement caractérisée, que vous inspirez à Diane... — Il y a là un mystère insondable dans lequel ma pensée s'égare... — Je ne puis expliquer ce sentiment funeste qu'en supposant une bizarre aberration d'un esprit d'habitude si juste et si sain... — Cette aversion de madame Herbert n'a pas de motifs, elle ne peut pas en avoir... — C'est de la pure et simple folie. — Heureusement pour vous, Blanche ne dépend en rien de sa sœur, et l'opposition de madame Herbert ne saurait empêcher le général de vous donner sa plus jeune fille, si telle est sa volonté.

— Sans doute... — Mais comptez-vous pour rien l'immense influence de madame Herbert sur l'esprit du comte de Presles ?...

— Cette influence peut se combattre... — peut-être d'ailleurs trouverai-je un moyen de réduire Diane, sinon à se déclarer pour vous, du moins à ne rien faire contre vous...

— Et comment ? — s'écria Raoul.

— Par son mari, qui me doit la vie, — qui m'aime... et qui vous aime...

— Ainsi donc, je puis espérer ? — demanda le jeune homme avec transport.

— Vous pouvez compter du moins, cher enfant, que si votre bonheur dépend de moi, je ferai tout pour vous rendre heureux !!...

FIN DE LA DEUXIÈME SÉRIE.

Sceaux. — Typographie de E. Dépée.

www.ingramcontent.com/pod-product-compliance
Lightning Source LLC
LaVergne TN
LVHW022213080426
835511LV00008B/1742